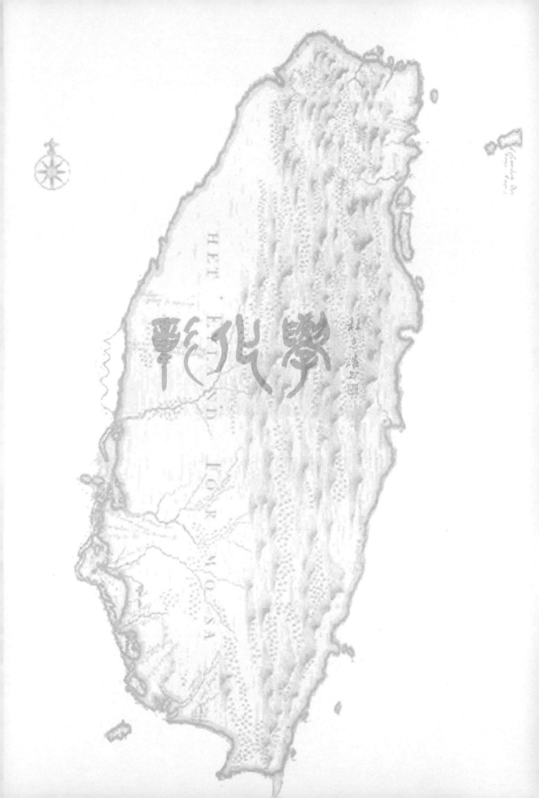

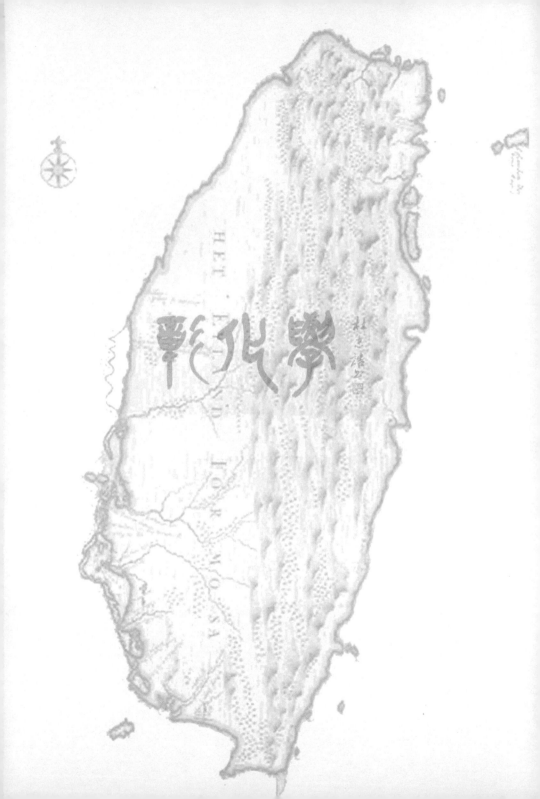

彰化學 048

# 圖繪
# 彰化文學家

陳世強◎撰文　　施佳伶◎繪圖

晨星出版

# 追逐一個文化夢想
# 十年經營彰化學

林明德

一九八〇年代，後殖民思潮蔚為趨勢，臺灣社會受到波及，主體意識逐漸浮起，社區營造成為新觀念。於是各縣市鄉鎮紛紛發聲，編纂史志，以重建歷史、恢復土地記憶，有志之士更是積極投入研究，而金門學、宜蘭學、苗栗學、……相繼推出，一時成為顯學。

這些學術現象的醞釀與形成，我曾經直接或間接參與其事，對當中的來龍去脈自有某種程度的了解，也引起相當深刻的反思。基本上，對各族群與地方的文化（包括人文、社會、自然等科學）進行有系統的挖掘、整合，並以學術觀點加以研究，以累積文化資產，恢復土地記憶，使之成為一門學問，如此才有資格登上學術殿堂，取得「學門」之身分證。

一九九六年，我從服務二十五年的私立輔仁大學退休，獲聘國立彰化師大國文系，此一逆向的職業生涯，引發我對學術事業的重新思考，在教學、研究之餘，雖然繼續民俗藝術的田野調查，卻開始規畫幾項長遠的文化工程。一九九九年，個人接受彰化縣文化局的委託，進行為期一年的飲食文化調查研究，帶領四位研究生進出二十六

個鄉鎮市，訪問二百三十多個飲食點與十多位總舖師，最後繳交三十五萬字的成果。當時，我曾說：「往昔，有一府二鹿三艋舺的符碼；今天，飲食文化見證半線的風華。」長期以來，透過訪查、研究，我逐漸發見彰化文化底蘊的豐美。

彰化一帶，舊稱半線，是來自平埔族「半線社」之名。清雍正元年（1723），正式立縣；四年（1726），創建孔廟，先賢以「設學立教，以彰雅化」期許，並命名為「彰化縣」。在地理上，彰化位於臺灣中部，除東部邊緣少許山巒外，大部分為平原，濁水溪流過，土地肥沃，農業發達，稻米飄香，夙有「臺灣第一穀倉」之美譽。三百多年來，彰化族群多元，人文薈萃，並且積累許多有形、無形的文化資產，其風華之多采多姿，令人目不暇給。二十五座古蹟群，詮釋古老的營造智慧，各式各樣民居，特別是鹿港聚落，展現先民的生活美學；戲曲彰化，多音交響，南管、北管、高甲戲、歌仔戲與布袋戲，傳唱斯土斯民的心聲與夢想；繁複的民間工藝，精緻的傳統家具，在在流露生活的餘裕與巧思；而人傑地靈，文風鼎盛，舊新文學引領風騷，而且成果斐然；至於潛藏民間的文學，活潑多樣，儼然是活化石，訴說彰化人的故事。

這些元素是彰化文化底蘊的原姿，它們內聚成為一顆堅實、燦爛的人文鑽石。三十年，我親近彰化，探勘寶藏，證明其人文內涵的豐饒多元，在因緣俱足下，正式推出「啟動彰化學」的構想，在地文學家康原，不僅認同還帶著我去拜會地方人士、企業家。透過計畫的說明、遊說，終於獲得一些仕紳的贊同與支持，為這項文化工程奠定扎實的基礎。我們先成立編委會，擬訂系列子題，例如：宗教、歷史、地理、社會、民俗、民間文學、古典文學、現代文學、傳統建築、傳統表演藝術、傳統手工藝與

飲食文化，同步展開敦請學者專家分門別類選題撰寫，其終極目標是挖掘彰化文化內涵，出版彰化學叢書，以累積半線人文資源。原先預計每年十二冊，五年六十冊（2007～2011），不過由於若干因素與我個人屆齡退休（2011），不得不延後，而修改為十年，目前已出版四十餘冊，預計兩年後完成。這裡列舉一些「發現」供大家分享：

（一）民間文學系列：《人間典範全興總裁》，由口述歷史與諺語梭織吳聰其先生從飼牛囝仔到大企業家的心路歷程，為人間典範塑像；《陳再得的臺灣歌仔》守住歌仔先珍貴的地方傳說，平添民間文學史頁；《臺灣童謠園丁——施福珍囝仔歌研究》，揭開囝仔歌的奧祕，讓兒童透過囝仔歌認識鄉土、學習諺語、陶冶性情。而鹿港民間文學的活化石——黃金隆的口述歷史，是我們還在進行中的計畫。

（二）古典文學系列：《臺灣古典詩家洪棄生》、《陳肇興及其陶村詩稿》、《臺灣末代傳統文人——施文炳詩文集》三書充分說明彰化的文風傳統，與古典文學的精采。加上賴和的漢詩研究……，將可使這一系列更為充實。

（三）現代文學系列：《王白淵・荊棘之道》、翁鬧《有港口的街市》、《錦連的年代——錦連新詩研究》、《生命之詩——林亨泰中日文詩集》、《給小數點臺灣——曹開數學詩》、《親近彰化文學作家》……，涵蓋先行、中生與新生三代，自清代、日治迄今，菁英輩出，小說、新詩、散文等傑作，琳瑯滿目，證明了在人文彰化沃土上果實纍纍。值得一提的是，翁鬧長篇小說的出土為臺灣文學史補上一頁；而曹開數學詩綻放於白色煉獄，與跨越兩代語言的詩人林亨泰，處處反映磺溪一脈相傳的抗議

精神。

（四）《南管音樂》、《北管音樂》、《彰化縣曲館與武館Ⅰ～Ⅴ》、《彰化書院與科舉》、《維繫傳統文化命脈──員林興賢書院與吟社》、《鹿港丁家大宅》與《鹿港意樓──慶昌行家族史研究》，前三種解析戲曲彰化這一符碼，尤其是林美容教授開出區域專題普查研究，為彰化留下珍貴的文獻資料。書院為一地文風所繫，關係彰化文化命脈，古樸建築依然飄溢書香；而丁家大宅、意樓則是鹿港風華的見證，也是先民營造智慧的展示。即將出版的賴志彰傳統民居、李乾朗傳統建築、陳仕賢的寺廟與李奕興的彩繪，必能全面的呈現老彰化的容顏。

這套叢書的誕生，從無到有，歷經十年，真是不尋常，也不可思議，它是一項艱辛又浩大的文化工程，也是地方學的範例，更是臺灣學嶄新的里程碑。非常感謝彰化師大與臺文所的協助，全興、頂新、帝寶等文教基金會的支持；專業出版社晨星，在編輯、美編上，為叢書塑造風格；書法名家也是彰化人杜忠誥教授，親自以篆書題寫「彰化學」，為叢書增添不少光彩，在此一併感謝。

叢書的面世，正是夢想兌現的時刻，謹以這套書獻給彰化鄉親，以及我們愛戀的臺灣，這是康原與我的共同心願。

---

林明德（1946～　），臺灣高雄市人。國立政治大學中文博士。曾任國立彰化師範大學國文學系教授兼副校長。投入民俗藝術研究三十年，致力挖掘族群人文，整合民俗藝術，強調民俗是一切藝術的土壤。著有《臺澎金馬地區區聯調查研究》（1994）、《文學典範的反思》（1996）、《彰化縣飲食文化》（2002）、《阮註定是搬戲的命》（2003）、《臺中飲食風華》（2006）、《斟酌雅俗》（2009）、《俗之美》（2010）、《戲海女神龍》（2011）、《小西園偶戲藝術》（2012）、《粧佛藝師──施至輝生命史及其作品圖錄》（2012）、《剪紙藝術師──李煥章》（2013）等。

# 圖像與文學的交會

———————————————————— 康原

二〇一四年五月在彰化師大美術系系館，看到陳世強教授指導的學生施佳伶畢業展覽中，以《彰化文學家繪本》做成果展出，其繪本把一些文學家的作品以圖像再現，也畫出了這些作家的生活情境。據說這系列的作品，佳伶用了一年多的時間從事閱讀與創作，在這些繪本中佳伶皆能掌握作家作品的精隨，充分將文學內涵做圖像化而美感性的表達。

同在這個時候，彰化市立圖書館，為了配合慶祝「賴和日」，舉辦「番薯園的詩畫與音樂」活動，「磺溪文學圖像故事創作展」由在地畫家施並錫、蔡滄龍、顏國順、賴錦源、江慶章等五位藝術家，展出了「文學家的故事、詩意的地景故事、文學作品圖像、沒力島系列」等作品。

有五件四尺乘八尺的彩墨作品，分別以賴和的小說〈鬥熱鬧〉、〈一桿稱仔〉、散文〈城〉及康原臺語詩〈番薯園的日頭光〉、〈花的目屎〉來作圖像的創作，從創作的構思到構圖的安排及圖像的表現，為民眾開啟另一扇欣賞文學作品之窗。同時圖書館也展出施佳伶創作的《彰化文學家繪本》包括賴和、陳虛谷、林亨泰、吳晟、康原、宋澤萊等五位作家。

展覽完之後，在一次「彰化文學館籌建諮詢會議中」，與陳世強教授談到插圖與繪本的功能特性時，他說：「插圖與繪本提供了閱讀的視覺享受，補充了甚至強化了作者的文本意涵。」於是我想到若能出版這些《彰化文學家繪本》，對推廣彰化文學定有所助益，於是代替佳伶徵詢了幾家出版社與政府機關出版的意願，卻找不到單獨印行繪本的機會，於是我徵詢陳世強教授，是不是能寫一篇針對〈從圖像傳達看臺灣及彰化文學之發展〉的文章，做為《圖像與文學的交會》的論述，列入《彰化學》叢書出版，並且編入這些繪本，做較學術性的呈現，陳教授答應了，用了約一年的時間收集相關資料後，展開撰寫到二〇一六年初才完成此書。

　　做事認真又重視臺灣歷史發展的陳教授，在本書之中，從插圖與繪本的形式概念談起，將人類文明的紀錄過程做了詳細的追蹤，也談到從圖像記事演變成文字系統與符號的書寫過程，詳述整個變化的來龍去脈，證實了人類視覺與語文的發展是與時並進的。印刷術發展以後，文字的出版和閱讀數量的增加，文字使用和閱讀頻率上成為生活上的負擔，插圖的出現使文字敘述更加活潑與生動。有時也會以「繪圖」作為敘事的表現形式，視覺效果更能貼近各世代的品味。

　　陳世強教授說：「插圖與繪本在臺灣的發展與風格，與當時年代的藝術形態、生活模式及文體特徵，有著息息相關的關係。」他從原住民時期的圖騰談起，順著歷史的脈絡考察著世代的演變，又用了許多歷史上相關的圖像來印證，使讀者能了解圖像如何融合於生活空間或器物上，如何運用在文字中。

　　筆者從一九九〇年代起，開始書寫《臺灣囝仔歌的故事》時，每一篇文章發表時都請王灝畫插圖，圖像生動

的傳達了故事的內涵，詩人向陽為此書寫序時，曾說：
「……王灝樸拙動人的圖畫，當可以對這一代已經『失
憶』的臺灣人喚回對這塊土地更真切的感情……」，後來
又書寫《逗陣來唱囝仔歌》系列作品，仍然以圖文方式呈
現，比如在節慶篇，路寒袖序文中寫著：「……插畫完全
融入詩作的描繪，不僅能享受康原童詩的文字聲韻之美，
也領受了常民於生活、勞動之中結晶而成的生命關照，堪
稱是歌謠體的臺灣生命禮俗典。」可見圖與文有互文的優
良效果，在歷史上「左文右圖」的表現形態也受到閱讀者
的喜愛與肯定。

近年來彰化文化局與賴和文教基金會策畫的「賴和彰
化作品之旅」、「賴和帶我去散步」文學地景旅遊活動，
透過陳世強教授編繪「賴和文學地圖」，這張作品樸素美
觀，城市地景詳盡，又可按圖索驥，並可了解賴和當年寫
作與生活地景之關聯性，留存日治時期彰化市的空間概
念。

二〇一一年彰化市立圖書館為「賴和日」，策畫「詩
情畫意彰化城」詩畫展覽活動，請畫家施並錫與詩人康
原，共同選擇了彰化市三十個景點，詩人、畫家以這些景
點展開分別創作，其中也選了賴和一篇小說〈一桿稱仔〉
作為創作文本的表現，從閱讀小說轉化為圖像與詩的情境
與觀感，表達出賴和小說中「勇氣當為義鬥爭」的磺溪精
神，詩人與畫家共同展出後，受到相當好的肯定，並出版
《詩情畫意彰化城》的專書。這些作品留給後代歷史、地
理、人文等集體記憶；藝術創作現場結合藝術家的思想與
感情，是標示地理脈絡與生命底蘊的藝術客體。

本書同時收錄佳伶所創作的《彰化文學家繪本輯》
十二輯，以供欣賞，分別為〈賴和〉、〈陳虛谷〉、〈林
亨泰〉、〈錦連〉、〈姚嘉文〉、〈吳晟〉、〈康原〉、

〈蕭蕭〉、〈洪醒夫〉、〈宋澤萊〉、〈李昂〉、〈王定國〉等。期盼由年輕畫家參與描繪作家及其作品，能增進彰化文學在世代的閱讀中，得到文化認同與視覺傳播之教育效果，《彰化學》叢書以一種拋磚引玉的企圖出版，希望有更多優質的文學繪本出現，讓更多人能接觸有公理、正義的磺溪文學作品，這些為在地人及土地發生的文學，能透過圖像與文字的交會中，為彰化人的文學能發光發亮，是出版本書最大的期望。

# CONTENTS

## 輯一 圖像與文學的交會
### ——從圖像傳達看台灣及彰化文學發展史 ·················· 陳世強 012

## 輯二　彰化文學作家繪本輯 施佳伶繪　098

《臺灣鳥瞰圖》，金子常光，1935年（昭和10年），摘自昭和年間公學校用國語課本。

# 圖像與文學
# 的交會
## ──從圖像傳達看臺灣及彰化文學之發展

文：陳世強 國立彰化師範大學美術系教授

# 一、插圖與繪本的形式概念

　　「插圖」（Illustration），指文章附屬的配圖，在出版上使用非常廣泛，在有文字記錄的國家或民族均可看到插圖的起源和使用，原因為圖像較容易使人直接了解作者的指涉情境，達到視覺理解和說明的效果。本質上插圖具有輔助文字的說明性，使讀者除了文字閱讀外，同時了解

葡萄牙人繪製的臺灣輿圖（明思宗崇禎9年，1636年），因圖中畫有大港灣（Tayouan），故當時臺灣又稱為大灣。

作者提供的圖像資訊，對文字中的描述景狀產生視覺的理解，具有閱讀的情境補充和視覺強化的效果。因此，有以文字為主、圖像為輔的編輯方式。

圖1-1 法國西南部「拉斯考克斯洞穴壁畫」，推判其歷史至少可追溯至15000年前舊石器時代。

圖1-2 中國河南出土甲骨文，推判是商朝時（西元前1600年～前1046年）的胛骨版記事。

圖1-3 埃及象形文字（約西元前3000年～西元後1世紀）。

「繪本」（Picture Book）俗稱圖畫書，也就是以圖畫為主的閱讀形式，以圖畫作為整體書籍的詮釋樣貌，或有文字作為敘述輔助的功能；甚至完全沒有文字，直接以圖片演繹方式作敘述與呈現。「繪本」偏重在圖像的使用，其中的人、事、時、地、物的描繪帶領讀者直接了解其內容鋪陳，具有閱讀的視覺主導性，與插畫的輔助說明性，扮演更積極的詮釋功能。繪本的歷史由來已久，比文字和插畫歷史更早，原始人類尚未發明文字以前，即以繪圖作為記事方式，我們可以從遠古時期的洞穴壁畫，看到人類的語言系統是以圖像作為記錄的起始方式。圖像甚至影響文字的發展，簡化後的圖像更發展成記錄民族的文字形式，如中國的甲骨文和埃及的象形文字均是。

　　由此可知，人類文明的記錄過程，圖像的記錄是早於文字的，也可得知圖像感知的直接性和識明度對人們來說，更明顯易懂，亦符合感官傳達，是一種生理本能和感官特性。只是文明的發展上，圖像演變為文字和符號，更貼切於言語的流傳和記錄，成為一種文字的敘述系統，方便人們之間傳達語意，且更有效率地記錄並建構我們文明的知識內容。

　　文字有文字書法、語法、用字、用辭上的美感，也就成為「文學」發展的重要元素，散文有散文的美感，詩有詩的美感，不同的作家也有不同的寫作風格和特質，也就是大家世世代代雋永和品味之處，在人類文明體系上獨立出重要的文化範疇和專業領域。當然，反觀以圖像為本的美術發展脈絡亦同，不同的國族發展出不同的美術形式和風格，以其優劣美醜統整出其美感標準及取向，並開發出不同的美術樣貌和作品形式類型，同樣在人類文化體系上，具有等同文字的重要性和指標度，也可以說視覺和語文的發展是與時並進，同樣重要。

# 二、歷史上的插畫與繪本

　　有趣的是，人類語文體系的發展歷史，圖像先於文字，然歷經文字的發展過程，如前述方便有效率地流傳與記錄，文字符號漸漸取代了圖像，這和書寫形式的媒材發展有關。從早期的壁畫、石板、木板、甲骨……等自然平面底材，圖像僅保留於重要的記事、占卜、標示等功能，然而文字的發明更有利於書寫的工具，相對材料也因應發明，簡冊、紙卷、書本……，輕薄易於搬運和收藏，更有利於大量文字的書寫和記錄，數千年來的文字發展史，也就成就了文字建構的人類文化和歷史，甚至形成了階級、統治、教育……等的工具，文字的發展，也就是區域語言治理的過程。隨著文字作家的時代輩出及閱讀市場的成長，加上文字複製技術及印刷術的發明使文字普及度相對提高，而作者的詮釋價值也隨之相形重要。以文字為主的書寫方式，取代了圖像的記錄，也就成了這數千年來的主要語言工具。

　　然為了彌補文字在語言記錄的不足，「插圖」的出現補充了圖像說明的附屬角色，以增加視覺說明和美化的功能，各時期以手繪描寫、到版畫複刻、印刷發行的圖文配置在各時期各有不同方式之表達記法，提高了閱讀的趣味與識取度，各時期除了各經典文字著作汗牛充棟，而插圖的使用也提供了另一種視覺表達空間，插畫家的角色也就相形重要。

　　近幾年，隨著出版技術、媒體和資訊工業的進步，插畫的角色地位也就相形提高，與圖像（picture）同等具形

圖2-1 《女史箴圖》長卷（局部），東晉（西元345～406年）顧愷之畫，真品現藏於大英博物館。

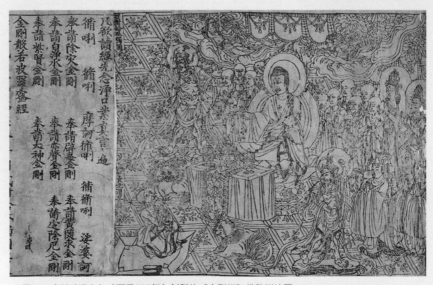

圖2-2 唐朝咸通九年（西元868年）刻製的《金剛經》佛陀說法圖。

象呈現效果的影像（image），也在十九世紀開始興盛。攝影（photography）術的逐漸發達也是文字的配圖的重要呈現形式之一，形成另一視覺主流，透過攝影的直接影像的呈現，具有現實景物的「再現性」，是屬記錄的真實性；而繪圖除了提供敘述對象的具象呈現，另提供繪圖手法的美感，補強文字記事的美感想像，是具視覺和感官經驗在閱讀傳達上的「詮釋性」價值，各有所長。攝影術在現代媒體上的應用與論述亦形重要，然因不在本文討論範圍內，暫不予篇幅細談。

印刷技術的快術發展和市場需要提高了插圖在版畫編排上的比例，插圖的美感和趣味性也就因閱讀視覺效果的需求大幅增加，從早期的手繪方式、版畫複本，到現代的網版印刷，形制上也從單線條、單色、複色到CMYK數位套色，彩色運用愈來愈便捷，印刷發行量與媒體傳輸量也越來越大，形成一知識市場。

因文字的出版和閱讀量的增加，文字的使用和閱覽頻率上成為生活上繁重的負擔，插圖的安排和出現也就使文字敘述更顯活潑而生動，適時扮演視覺調合的功能角色。在繪本上卻以「繪圖」作為主要敘述的形式樣貌，且視覺效果容易貼近各世代的品味和閱讀，近年來「繪本」的出版量和生產量也就大為增加，與以誇大圖像、簡化造型的「漫畫」，亦有同樣的發展進程，「漫畫」書也成為現代的另一種閱讀產品形式，超越文字功能的視覺圖像，發展為一滿足各階層、各世代的閱讀效果，也同樣有「動畫」和「漫畫」書出版的發展類型。對視覺接受度較為敏感的青少年階層，漫畫和動畫的傳播及閱讀樂趣更是超越文字的客群市場，成為獨立的角色和閱讀新寵。

與文字敘述角色相輔相成的「插圖」和「繪本」，近年來也持續有亮麗的表現，同為資訊媒體的發達而折衷為

另一種文字閱讀方式，大量精美的插圖，和各式各樣類型的繪本，占有相當大的市場比例，閱讀的文字跳躍和圖像理解現象，是晚近資訊快速流通下的傳達功能效果，樣式豐富且技術精良，甚至不少作品深植人心，成為文化推廣和知識傳播的重要選擇之一，為何「插圖」和「繪本」具有如此大的視覺魅力，我們將在第五節予以探討。

隨著資訊網路的進步和普及，數位插圖的技術和需要也就相形增加，強而有力的配圖在資訊爆炸的時代增色不少，以因應瀏覽效果。因在資訊媒體上的識取度亦大為增加，故數位插圖和數位繪圖技法的運用也就更為普及，甚至從原來輔助文字的配角進階到閱覽主角的重要性，詮釋角色上亦從插圖說明的消極性進階到快速表達的積極性。在現今資訊媒體、網路通訊、雲端資料、數位搜尋上已成為主流的閱讀工具，具插圖和繪本的圖像運用發展在未來閱讀價值上更不容小覷。

# 三、臺灣和彰化的插圖及繪本發展

　　繪畫形式的插圖及繪本在臺灣的發展由來已久，範例龐雜，我們將於論述中介紹先以臺灣早期插畫及繪畫模式逐漸具聚縮在彰化主題的例子上。插圖和繪本在臺灣的發展和風格，與當時年代的藝術形態、生活模式及文體特徵，有著息息相關的關係。從其中可以看到幾個重要時期圖像配置風格，也可視為當時社會對圖像的主流識取樣式；配圖的幅度多寡也可看出各階段對文本和插圖運用的閱讀態度，也可宏觀發覺當時的國際視野，和為文者的詮釋企圖及背後潛含的動機目標。

## （一）早期原住民時期

　　十八世紀，漢人拓殖或外來移民大量遷徙臺灣之前，落居於臺灣各處的原住民以其各族群生活模式發展出不同的視覺圖騰系統，這些圖案多與其環境、社群、階級及信仰模式緊密結合，世世代代以符號性的紀錄傳承，透過簡化的圖騰符號，融合於生活空間或器物上，成為一種與生活結合的符號模式。

　　從已收藏於美國國會圖書館、繪於一六八四年的《臺灣地理圖》中可以看出，這是清朝對臺灣地理地圖的記錄方式，以傳統水墨畫為媒材，從龜裂的痕跡可以看出此地圖是捲軸樣式，可以左右開展看到各區段的的地圖標示，這是以繪本方式記錄的地圖捲軸，以肉眼經驗繪記出當時

圖3-1　1684年《臺灣地理圖》中的半線社（原件收藏於美國國會圖書館）。

圖3-2　魯凱族石雕（複刻版）
攝於彰化原住民生活館。

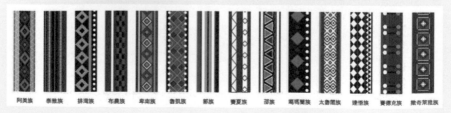

| 阿美族 | 泰雅族 | 排灣族 | 布農族 | 卑南族 | 魯凱族 | 鄒族 | 賽夏族 | 邵族 | 噶瑪蘭族 | 太魯閣族 | 達悟族 | 賽德克族 | 撒奇萊雅族 |

圖3-3　從臺灣各原住民傳統服飾上，可以看出代表不同族群的編織圖案。

地貌特徵、番社位置名稱、及常民生活的模樣，沒有比例尺，是當時清朝所常用的手繪記錄方式。圖中記錄了半線社原住民巴布薩族（巴布薩語：Babuza）的高腳屋建築及手拉手圍圓圈的活動，與宜蘭噶瑪蘭族的祭儀方式相似，可見現為彰化市的行政區域原是平埔族的聚落，其間也可以看到清朝官員和漢人耕作的生活情形，可理解這是漢人和原住民混居的狀況。

　　另以臺灣原住民中工藝成就最為活潑的魯凱族為例，衣服編織、生活器物、家屋裝飾、木雕、石雕等符號，均利用了多種圖騰，或幾何菱形，或太陽紋，或百步蛇，這些圖案在宗族皆有象徵意義，特別是百步蛇紋，是貴族頭目象徵和專用，百步蛇在魯凱族心目中是守護神，刻繪在屋宅的祖靈柱上、簷桁、門片上，也出現在服裝、刺青和家具上。這些圖案，均可見其信仰中守護神的代表性，也可以看到圖案轉換為象徵符號在生活中的重要性。

　　最足以代表繪本形式的是清朝《番俗圖》，繪記了清代拓殖臺灣時所看到原住民的生活樣貌，十分寫實逼真，全冊為一套十二幅扇摺式繪圖，內容有原住民生活中如「舂米」、「耕種」、「捕鹿」、「乘屋」、「迎婦」、「布林」、「刈禾」、「糖廍、甘蔗」、「瞭望」、「渡溪」、「織布」、「種芋」等生活細節。《番俗圖》又稱《番社采風圖》，在清代有許多不同版本，但內容大同小異，均為駐臺官員為了彰表臺灣見聞，特請畫師繪製，作為奉獻朝廷、博得重視的一種表現。其中乾隆年間出現的《番社采風圖》最具代表性，目前臺灣收藏有三個版本，中央圖書館、中央研究院、故宮博物院各有一冊，北京政府亦有另冊典藏，足見此繪本於清領期間應十分受歡迎，乃對臺灣「番俗」（原住民）的一種認知的繪本。

圖3-4　《番社采風圖‧捕鹿》
繪於乾隆8年（原件：西元1743年，中央圖書館藏）。

圖3-5　《番社采風圖‧迎婦》繪於乾隆8年
　　　（原件：西元1743年，中央圖書館藏）。

## （二）荷西時期

　　經歷了十五至十七世紀的大航海時代，歐洲船艦來往東西方之間，在遠東各地區設置不同據點，擴大其勢力範圍，開拓了許多新的航路，東西方的文化、貿易交流大量增加，不絕於途。原為中土所邊緣化的臺灣島嶼，在航海圖的位置翻轉下，卻是西方列強眼中必經的要塞——「福爾摩沙」（Formasa）。

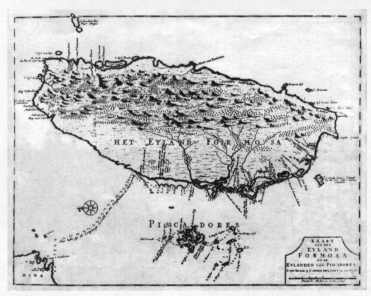

圖3-6　荷蘭人繪製的《臺灣輿圖》。

　　一六二四年至一六六二年間，臺灣受荷蘭東印度公司殖民統治，設置碉堡港口，輸入華南移工大量墾殖，理蕃貿易，也是第一個有系統統治臺灣的政權。當時正值風雨飄搖的明朝（1644年李自成攻占北京，明思宗自縊），對臺灣並未有明顯經營措施，而荷蘭卻已以西方封建制度與臺灣原住民部落建立藩屬關係，並與各部落籌設「地方會

議」，一六三六年底即有五十七座南臺灣原住民聚落臣服於荷蘭。

　　無獨有偶，荷蘭人占領南臺灣之際，西班牙人亦占領北臺灣建立薩爾瓦多城，領有淡水、基隆一帶。一六四二年荷蘭派船艦攻占雞籠，趕走了西班牙人，結束了歷時十六年的西班牙人統治。

　　「百聞不如一見」，在十七世紀此大航海時代後期，歐洲的冒險航隊，或商船軍艦，已習慣於將歐洲以外的所見所聞繪成圖鑑，特別是地圖，特徵及路線經緯畫分十分仔細，方便後人研究和使用。這個時期的圖像風格，因同屬於歐洲巴洛克藝術時期，畫中呈現透視、比例、明暗等西方描繪技法，人物也明顯出現了動態，與中國水墨表現明顯不同。因記錄之便，多採紙本或皮布為底材，搭配鋼筆線條設色，方便航海或旅行記錄。又因傳播方便也有大量採用版畫複刻印製，或印製成地圖，或印製成圖鑑，以方便大量流傳，如此印刷術的興盛對於航海殖民的發展幫助極大。

圖3-7　明代漢人家居圖，摘自荷蘭達旦所著的《中國遊記》。

圖3-8　十七世紀荷蘭與西班牙於基隆交戰的海戰圖。

## （三）明鄭治臺時期

　　明朝正值西方大航海時代，歐洲各國航艦往返歐亞海域頻繁，並積極開拓航路，增設據點。明成祖亦派鄭和率領龐大艦隊七次浩浩蕩蕩下西洋（1436～1435年），可見其航海技術已十分成熟先進，雖國際貿易往來日益興盛，明代亦具有極佳航海技術，但大多年代卻禁止民間從事海外貿易，對國際開拓市場保守不前，錯失良機。

　　崇禎十七年（1644）明朝衰亡，時勢造英雄，鄭成功取得父親鄭芝龍的海上勢力及航海統御技術，一六六一年，鄭成功率兵攻打大員，次年，迫使荷蘭人屈服投降，雖明亡在即，但建立臺灣首度漢人政權，這依賴海權異軍突起的明鄭勢力，與十七世紀「地理大發現」的東亞航海

圖3-9　西方人所繪國姓爺、海盜和官員的形象。

冒險亦有著極大的因緣，中國、日本、葡萄牙、西班牙、荷蘭在此區域進行各自的經營手段，展開角力，而明鄭政權的崛起與這股潮流掌握時機，讓明朝的旗幟得以苟延殘喘，另也開啟了中國封建社會，使中國不得不將視野轉向到太平洋端的海際線上。

　　這個時期的地圖或繪畫多具有指示性的標記或說明，作為航海或拓殖的發現和紀錄。也呈現多國書寫的風格和面貌，中國以毛筆描繪的水墨畫為主，荷西多以鋼筆和繪本作為紀錄，日本則有以毛筆描繪的浮世繪風格，各有特色，為了傳播方便，也會透過版畫印刷或謄寫複製，這些畫作有些是透過畫師描繪，有些則是船員或具有繪畫能力的從員完成，各博物館仍有相關手稿保存，足見其現代美術之才學素養，與中國官員當時崇尚遊山玩水的文人畫相比，西方人的務實和謀略企圖也可看出軒輊。

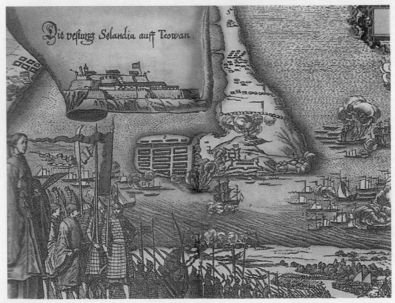

圖3-10 日耳曼商人描繪鄭成功攻打熱遮蘭城的情形。

圖3-11 這是有名的《荷使晉見求和圖》，紀錄荷蘭人向鄭成功投降的情形。

圖3-12 《東南海夷圖》（明嘉靖34年，1555年繪）此地圖正逢中國東南沿海海盜
猖獗的年代，圖中標示了福建外海的島名，有：彭湖、 小琉求、大琉求、日木、馬
四矢、倭奴、毛人等諸島。

這些畫稿，特別是地圖，均為其記錄性之瀏覽功能，作為航海及拓殖經營的區域識別特徵，皆千里迢迢跋山涉水的難得紀錄，十分珍貴，大多署名以昭公信。因為得來不易，多為私人保存或內部流通，作為資訊保護的使用祕笈。其資訊價值的重要性，往往須經過高價交易甚至武力爭奪才可取得，在當時沒有足夠科技或影像傳播的年代，任何可供識別的圖像紀錄相對顯得彌足珍貴。

## （四）清領時期

一六八三年清廷派鄭成功反將施琅出兵攻打臺灣，擊潰鄭軍，鄭克塽投降，鄭氏王朝勢力滅亡。在此之前，中國未將臺灣視為領土，且早在明朝，朱元璋即將臺灣視為「不征之國」之藩屬國行列，是以臺灣成為中國東南沿海貧苦移民、歐洲拓殖者及海盜的新夢土，各憑本領，各取所需，因疏於治理，是以盜匪民鬥猖獗。當時閩南一帶流傳一俚諺：「過番去一半，過臺灣無底看。」對中國內陸天災人禍的艱苦生活來說，未治理的臺灣反而給唐山移民帶來一絲生活希望。「六死三留一回頭」，移民來臺灣，必須面對種種惡劣環境的挑戰，光是臺灣海峽黑水溝的漫長海域風險就令人膽寒。登臺上岸也不輕鬆，要面對瘴癘、匪寇、原住民、先墾者的威脅，「唐山過臺灣，心肝結歸丸」，可知移民的風險艱辛不在話下，生存之路茫茫，但都比在唐山等死的生存機會來的大。

在施琅的建議下，康熙將臺灣納入版圖，避免再度成為反清復明的基地，禁止人民再移民臺灣，也禁制漢番通婚。然而長期移民拓墾的民丁聚集成勢，加上官員貪腐，心無治理，「一年官，二年滿」的暫留營私心態導致民怨

民變四起，一七二一年鴨母王朱一貴在高雄起兵，無獨有偶，一七八七年林爽文嘉義亂起，乾隆朝廷檢討原因就有「臺灣吏治廢弛，不肖之員任意貪婪，殃民殮怨。於結黨倡會鉅案，並不嚴究痛懲，以致奸宄無所警惕，釀成叛逆奸謀」之嘆。一八七四年又發生日軍犯臺的牡丹社事件，清廷始發現經營臺灣的重要，開始增設府縣，積極建設，於一八八五年建省。然好景不常，列強勢焰大增，中日甲午戰敗，清廷在一八九五年簽訂馬關條約，將臺灣永久割讓給日本，經歷了唐景崧短暫的臺灣民主國時日，臺灣結束了長達兩百一十二年清廷統治的階段。

　　清朝康熙至乾隆期間，國力鼎盛，寇叛漸平，而臺灣移民亦眾，漢人勢力雖「五年一大亂，三年一小亂」，但清官統治抵定，文治武功，表現在圖像上的數量和品質逐漸提升，加上西畫技法的引進，描繪或複印技術亦臻於成熟。在乾隆五十三年間，由宮廷畫師所繪之《平定臺灣戰圖》（圖3-13，清廷平定林爽文亂）之長篇畫幅中最為精美，圖文詳細描繪了清廷千軍萬馬如何從廈門出發，浩浩蕩蕩登陸鹿港，擊敗林爽文部眾於諸羅城，再逐步清剿，最後凱旋回京的種種敘述。該圖為了彰顯武德，特別聘請名宮廷畫家姚文瀚、楊大章、賈全、謝遂、莊豫德、黎明等多人奉召合作分別繪圖，清宮造辦處另刻銅版加以刷印，歷經四年後完成，每幅圖上並有加註乾隆皇帝御題記述，可見清廷對該戰役及對臺的逐漸重視。每圖依主題採用全景式構圖，力求在一個畫面上表現戰況進行的全貌，揉合中國畫傳統風格及西洋透視技法，呈現逼真寫實的視覺效果。全畫橫卷連幅，艦員數量、山海地勢、地廓路徑鉅細靡遺，為十分成熟之繪本印刷作品，作為彰顯皇朝天威之宣諭及強調中央統治地位。

　　而另一幅臺灣官員的畫像中（圖3-14），亦可看出清

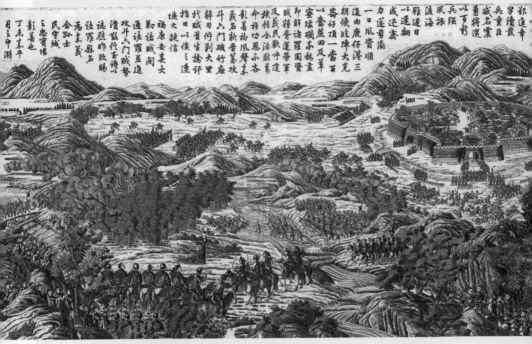

圖3-13 《平定臺灣戰圖》（局部，西元1792年刻繪） 其中詳細描繪了乾隆52年11月初，清將福康安抵鹿港，於八卦山擊敗林爽文，再克於侖仔頂，因他的支援，史柴大紀死守10個月的諸羅城得以解圍等等戰況。

圖3-14 清朝在臺灣官員的畫像，雖僅低階官職，但已有財勢，聘請畫師繪製栩栩如生的肖像畫。（陳慶芳提供）

廷待遇及排場，一個低階官員（可能是地方仕紳），已享有栩栩如生的精美畫像，雖水墨厚彩設色，但人物比例、明暗、質感幾近真實技法十分精湛，可看出寫實表現風格已普及至民間，是普遍畫像的流行，也可看出來臺官員為何被稱「大官虎」的福形祿態。

另外在晚清乙未抗日時民間所傳之「抗日」傳單的繪本中可以看出，當時在臺灣繪畫及印刷技術應該已經十分普及，其中繪畫風格與廟宇彩繪樣式相同，可以理解畫師在庶民生活中已經有相當成熟表現機會，只是可惜圖3-15《劉大將軍擒獲倭督樺山斬首全圖》宣傳畫中實為誇大戰果，樺山資紀並未戰死沙場，後來還成為首任臺灣總督。而圖3-16《劉小姐大破倭奴圖》中，神話了劉小姐以掌風即可驅逐荷槍實彈之日軍，遺清抗日勢力的技窮潰敗即可預告勝負。

圖3-15　《劉大將軍擒獲倭督樺山斬首全圖》乙未抗日期間，義軍所繪的宣傳畫。

圖3-16　《劉小姐大破倭奴圖》　乙未抗日期間，義軍所繪的宣傳畫。

## （五）日治時期

　　一八九四年中日黃海會戰，號稱世界第一鉅資的清廷
北洋艦隊被日軍擊潰，一八九五年清廷簽訂「馬關條約」
割讓了臺灣和澎湖，日本海外領土大增，躋身新帝國主義
行列，明治天皇的現代西化政策證明了其優勢的時代力
量，臺灣這個從被清廷視為「鳥不語花不香」的瘴癘無義
之地，竟也成為日本日後壯大實力、提供本國工業後盾、
又扮演日本南洋發展的基地，其殖民擴張的地理條件和國
際政策遠見卻也讓臺灣走向與中土完全不同的命運。

　　日本剛統治臺灣時並未順利，各地抗爭不斷，以彰
化為例，居高臨下的八卦山（圖3-17），控扼臺灣南北
交通要道，自古以來皆為兵家必爭之地，清代林爽文、陳
周全、戴潮春、施九緞等反清之役，都曾以八卦山作為戰
場；日人攻占臺灣，也在八卦山發生一次大規模戰役。因

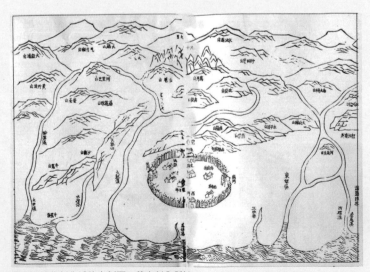

圖3-17清代彰化城的木刻頁，載自彰化縣誌。

此，被稱臺灣新文學之父的賴和曾在《讀臺灣通史十首》詩中，寫出抗清的戴潮春事件，詩云：「戴潮春亦一時英，驀地干戈起不平。今日定軍山下路，冤燐夜夜竹根生。」（之九）記錄一八六二年，彰化四張犁人戴潮春帶領八卦會眾，攻下彰化占據八卦山，自稱「大元帥」，這種反抗清朝政府的欺壓精神，透露出官逼民反的大動干戈，可惜戴氏的抗清運動只延續兩年，就被清廷派林文察的援兵所敗。賴和詩中寫下這些被殺的臺灣人民，成為定軍山下的冤魂，但這些犧牲轉成勁節千秋的抗議精神，他以「竹根生」來暗喻八卦山下民眾高風亮節之情操。另一首詩云：「黑旗風捲卦山巔，善戰才堪當一邊。留有昔年遺老在，男兒猶共說彭年。」（之六）記錄一八九五年八月廿六日的「彰化城保衛戰」，當日軍渡過大肚溪後，猛攻茄苳腳，在八卦山展開激烈戰爭，吳湯興和李士炳在戰役中陣亡，守軍潰敗，八卦山被占領。這次戰役壯烈成仁者約四、五千人，他們只憑血肉之軀，對抗敵軍，其英勇壯烈之精神，足為後世所景仰。當年兩門擊斃敵酋能久親王和山根少將的古砲，現仍靜靜留置在八卦山北側，成為歷史的見證。這些反抗統治的輝煌歷史，也曾出現在賴和的散文〈城〉之中，敘述有關八卦山的事蹟：「……在這三五年必有一次反亂的地方，百姓常常受到砲彈的洗禮……永過地方的百姓，所以要常常反亂的事實，有一位縣官竟把那原因歸到太極山，講「此山漫無主峰，民故好亂」竟在縣衙後疊一座假山，更在假山上築一座高閣，想藉著風水的原理，來鎮壓百姓的好作亂的事實。可惜在當時一些也無效力，直到近幾年前，才把高閣移建太極山上，我不知這次移築的人，有無同樣的用意，但是此後到今日，我們地方就真正安寧，百姓也真向化，雖有過一次王字事件，究竟有歸向風影電跡中去，只多費官廳一番努

力，所以就有人承認這高閣已發生效驗了。」

　　從賴和先生這段文字的敘述裡，得知八卦山百年以來戰事接二連三的發生。短短的片段文字中，也嘲諷執政者迷信地理風水之邪說，以建高閣來破風水，鎮壓反抗的彰化百姓。如此批判時局，反抗強權之文筆作風，承襲自晚清洪棄生、吳德功等抗日意識，一脈相承，加上日軍於八卦山戰役初期的重挫，在日本殖民統治者眼裡這個中部古城視為「叛逆難馴」之地，也可看出彰化人在歷史中的風清傲骨，也影響了後世彰化文學作家的批判特質，前撲後繼，振筆成風，這股文學力量和反抗精神被康原等彰化文學家稱為「礦溪精神」。

　　在清領時期「五年一大亂，三年一小亂」的臺灣民鬥風氣，伊能嘉矩即在《臺灣文化誌》中觀察出清朝在臺的二百年統治時「對移民叛亂的鎮壓，和漫無計謀的綏撫之作……。」但日本統治臺灣的五十年內亦非天下太平，必須採取有效的鎮壓和統治政策，這種軟硬兼施的殖民政策稱為「特別統治主義」。「特別統治政策」是明治維新向西方學來的殖民優越論和生物觀點，以優勝劣敗的差異性治理作為理論基礎。這個主張以後藤新平的「臺灣特別統治政策」為首，效法英國在其他殖民地地的管理方式，臺灣總督享有「特別律令權」，集行政、立法、司法於一身。故日治初期前八年，依其官方統計有三萬二千餘臺人遭日方殺害，占總人口數百分之一。

　　以繪畫表現的角度來看這時期的日本國際視野，十九世紀日本正值孝明天皇和明治天皇時期，也是海權崛起的年代，當時最出名的日本畫家乃葛飾北齋（1760～1849），是江戶時期的浮世繪畫師，他擅長以優雅工筆筆觸，獨特的東方造型，純樸用色，描寫了無數日本山川地景、各階層的人物畫像，十分受歡迎，加上當時對外貿易

的繁仍，西方收藏家酷愛蒐集北齋的作品，在歐洲蔚為風尚，也建立了浮世繪的國際知名度。

　　從圖3-18葛飾北齋的《富嶽三十六景》中即可看出日本江戶時期畫家對中國及沿海島嶼的觀察與重視，臺灣島位於右下邊角以「臺灣」之名出現，整張賞景地圖幅員遼闊，陸嶼島礁鉅細靡遺，各地名標示清楚，足見已有海外開放的國際視野。北齋出生於京都墨田區，初為勝川派畫師，後來吸收各地門派技法，融合西洋與漢畫技巧，形成自己獨特的畫風，也成為浮世繪的最佳代表風格。其畫題豐富，除了風景畫作影響深遠，也以歷史、花鳥為題製作書籍插畫與繪本書，無論工筆畫、版畫、印刷物均擅長，繪畫風格結合了傳統文化與現代的新意。從畫中落款

圖3-18　葛飾北齋，唐土名所之繪《富嶽三十六景》（中國鳥瞰圖），圖中右下角標示臺灣位置，日天保11年（1840）。

圖3-19 臺灣信報（臺灣事件／牡丹社事件），同治13年（1874）。

看出，左側署名「畫狂老人卍」為其晚年稱號（1834年始用），然已八旬老人竟有如此驚人創作力和觀察力。北齋這種地理標示的鳥瞰圖的全覽作法，成為日後鳥瞰全覽圖畫師重要的學習對象，不僅使繪畫具科學的地理標示作用，也讓記錄式地圖提升其藝術地位。

　　十九世紀中葉前後，日本社會伴隨印刷技術的發展與近代大眾媒體的崛起，運用插圖輔助新聞報導逐漸盛行。許多江戶末期的浮世繪畫師也紛紛轉型，參與明治維新的官方宣傳主題製作，包括描述記錄國際的局勢變化的社會、人文、風俗等題材，盛極一時。《錦繪新聞》更是明治初期流行的新聞刊物，其特質近似現代的寫真週刊畫報。圖3-19《臺灣信報》（臺灣事件／牡丹社事件），為一八七四年著名的日本侵臺事件的戰場圖繪報導，依分格逐一介紹牡丹社事件的開發始末，即可見當時大量印行的刊物，即應用生動精美的浮世繪作為配圖，以便讀者更具體了解日本戰爭功績，圖文並茂，全彩印繪，已足見其對平面媒體應用的先進觀念。

　　這場令清廷驚訝的戰爭發生在意想不到的臺灣，也可看出日本擴大領土的野心，一八七一年（清同治10年）十二月十七日，琉球島民之納貢船被颱風吹至臺灣東南部

八瑤灣附近，島民上岸後誤闖番社部落，導致五十四人被原住民殺害，十二人受漢人保護生還，這原本是一樁單純的船難，卻成為一八七四年（同治13年）日本出兵攻打臺灣番地的藉口。五月八日，日軍在社寮（今車城鄉四重溪口）登陸，隨後與牡丹社人在石門爆發戰役，雙方各有傷亡。六月初，日軍再度動員上千士兵和火砲攻打牡丹社，大肆燒毀，迫該社投降。本畫報新聞所描繪的即是報導日軍成功降服番人的得勝消息。

這宣傳刊物除了以精美版畫説明戰場實景之外，新聞還附有簡略的臺灣全圖，地圖重點除了記錄討伐番社所在地，更強調臺灣西岸才是清國（中國）領土以合理化日軍出兵的理由。插圖逐漸成為新聞事件報導的輔助資訊，並隨著平面媒體廣泛傳播使大眾熟悉，圖像知識於是不再像從前僅有少數階層擁有，也建立了整體日本國民對海外擴展的了解及思想動員。

日本軍事勝利後，採取強硬的外交政策。清廷雖派沈葆楨來臺籌辦防務和對日交涉，但無法挽回頹勢，清廷另派李鴻章與日本進行外交政策。一八七四年七月三十日，日本全權辦理大臣大久保利通抵達北京，與中國會談並簽訂條約，承認日本出兵「討伐番地」的正當性，並且賠償日本軍費，日軍則於十二月二十日全數撤軍，前後歷時半年的軍事行動與外交談判終於結束。圖3-20透過浮世繪描寫中日雙方北京談判之景，從人物比例大小的差異，即可知日本如何得意其在外交上的勝利。此時日本已知道運用插畫大量宣傳的媒體效果，相較於清朝的文書諭令，臺民多所文盲，知識的傳播和危機意識尚不及於境外，日本除了積極武力動員之外，文宣戰術的準備已超越清廷甚多。

而漫畫在圖文傳播的利用上，有誇大詮釋、具諷刺喜感的視覺效果，淺顯易懂，繪畫容易掌握，快速激化民

圖3-20 日本辦理大臣於北京進行臺灣事件議決之圖，明治28年（1895）。

眾的閱讀認同。漫畫的發展在西方於十八世紀起即有廣泛
的運用，同樣出現在大眾媒體的傳單、報章的配圖上，以
增進閱讀的視覺趣味。日本在十九世紀亦開始應用漫畫的
創作方式，以傳統浮世繪作簡化誇大的表現，表達日本崛
起擴張的帝國心態，加上過去浮世繪的連載呈現，漫畫的
形式漸發展成另一「日系漫畫」的主流。如圖3-21即可
看出其初期漫畫在平面媒體傳播上的應用，諷刺當時甲午
戰爭的情勢，作者同為明治維新著名浮世繪畫師小林清親
（1847～1915）。圖像內容意識形態強烈，強調日軍強
大與清廷衰弱的戰力，反諷清國留辮等社會陋俗，具有鼓
舞日本國民士氣的大眾宣傳效果，充分發揮漫畫諷刺性的
特性。如圖3-21插圖所見，代表日本的相撲選手以魁梧
的巨人之姿，遙遙領先臺灣人與盛京省（瀋陽）的疲弱形
態。一八九五年馬關條約後，日本順利取得東亞強國的地
位，雖然遼東半島因三國干涉無功而返，但醞釀多時取得
臺灣作為新領土的願望終於達成了。

　　一八九四年中日甲午戰爭爆發後，日本各新聞媒體
競相派出戰地記者趕赴前線，不斷向日本本土送回戰地消

圖3-21 小林清親所繪的《日清戰爭笑樂畫會》,明治28年（1895）。

息,前線的戰鬥消息成為當時報刊吸引讀者的最重要資訊。可謂是前線的日本軍隊正在進行一場血肉戰爭,後方日本出版界也在進行一場文字與圖像的戰爭。戰爭的細節、戰場英雄人物與後方感人題材,鉅細靡遺地報導,並且成為各類藝術與通俗媒體的表現題材。

在甲午戰爭後,日本占臺初期的插畫表現中,以《風俗畫報》的繪畫品質及風格美感上程度最高,最具代表性,除對戰事的讚揚外,另對臺灣風土民情亦有深刻的描繪,繪畫手法上著重構圖變化、人物動態、樣貌細節、運筆用色……,均有生動及細緻的圖繪,足見其應用西方寫實繪畫技法結合日本浮世繪畫風,更符合戰事報導的情境美化及閱讀傳播上的宣傳效果,彙集一流的插畫家分工描繪,是當時畫報出版的巔峰之作,也是日後廣受收藏家蒐集的重點刊物。

《風俗畫報》係為日本東陽堂於明治廿二年（1889）二月創刊發行的月刊,甲午戰爭時在戰爭熱潮

圖3-22　《風俗畫報》「臺灣征討圖繪」、「臺灣土匪掃壤圖繪」、「臺灣蕃俗圖繪」等各式封面。

圖3-23 《風俗畫報》內頁插圖「輸送監視隊奮戰之圖」。

圖3-24 《風俗畫報》內頁插圖「臺灣風俗之圖」。

下先後推出專輯《日清戰爭圖繪》四冊、《征清圖繪》六冊。明治廿八年（1895）二月則有關於臺灣《臺灣征討圖繪》五冊，及明治廿九年（1896）三月、五月《臺灣土匪掃壤圖繪》二冊、明治廿九年（1896）十二月《臺灣蕃俗圖繪》二冊，內容是對臺灣原住民的描寫。

　　日本出版界受到西洋的Graphic或Illustrated Magazine的啟發，了解「畫報」形式對媒體宣傳的效果及民眾接受度十分有利，並引進作為主流平面媒體的應用方式，定期出版滿足了讀者對戰事的期望及新殖民地的認識，圖文並茂的編輯方式讓人耳目一新，以石印版畫作為大兩出版的技術運用。相較於官方戰史，《臺灣征討圖繪》等由隨軍記者所描繪的戰爭報導，顯得活潑生動許多，可以具體地讀取到乙未之役臺灣人的戰鬥和臺灣人的面貌，對日本教育水平不一的常民百姓來說，雅俗共賞，達到全民動員及精神鼓勵的視覺效果，當然，畫報中充滿殖民帝國的詮釋觀點，強化形塑日軍英勇善戰的形象，另外日人對於臺灣異地的風俗觀察與描繪，也可視為日本圖像記錄臺灣的先聲。

　　值得注意的是，日治入臺初期，即派遣多位民族學者，及生物學家來臺做全面性調查及記錄，如伊能嘉矩的《臺灣文化誌》以文字記錄所見所聞，田代安定以旅行手繪方式鉅細靡遺記錄北臺灣的風土民情、植物形貌、原住民生活等。而其他畫家及學者也記錄了不少圖鑑式插畫，供日本內地學者作為研究及殖民的知識資料使用。另外，隨著十九世紀西方攝影技術的發達，在臺灣田野記錄和報導圖像也出現了大量的照片攝影，攝影術成了另一先進的影像技術，更有刊登於出版、紀錄、宣傳，進而在軍事用途上。

　　十九世紀後半葉由於明治維新對新技術的進步及國

圖3-25╱3-26　田代安治在宜蘭所繪的番社織布機和植物手記畫稿（翻攝自宜蘭縣史館田代安治展）

土擴張主義的激化，日本人對臺灣的興趣增高，他們有效率地蒐集西方人已出版的臺灣地圖，加以翻譯、複刻與編輯。其中《實地踏測臺灣詳密地圖》即是此時的代表性作品，此圖為英國前海軍大尉儀氏原著，日人松本仁吉翻譯，清水長太郎編輯，大阪中村芳松發行，出版於明治廿八年（1895）四月五日。在設計創意上，除保留臺灣地理資訊外，此圖刻意扭曲臺灣島的形狀成三折的變形模樣，以增加圖版的造型趣味，增加讀者的閱讀興趣，這種創意的紙面手法在後來的平面設計上運用十分普遍。

　　比《實地踏測臺灣詳密地圖》晚幾個月的《實地詳密臺灣島大地圖》，出版於明治廿八年九月十八日，大阪大塚宇三郎發行。地圖詳列臺灣陸海里程表是詳細的地理資訊的通盤呈現，介紹各地自然環境、山岳、礦產、河川、港灣、住民分布概況，有效記錄對臺灣掌握的所有細節，這地圖也是編輯十九世紀後期西方人的調查地圖資料而來。除了澎湖島與琉球島附圖外，本圖還附有〈日清韓三

圖3-25 《實地踏測臺灣詳密地圖》

圖3-28 《樹木誌》中豐富的臺灣
林木照片（劉峯松提供）

國略圖〉，也是一八九五年前後日人流行編輯的地圖，作
為延伸地理資訊的運用，足見其對周圍領域的環伺及積極
企圖。

　　一八九五年日人攻占臺灣之時使用之地圖資料，主
要是蒐羅各項西洋人已編輯者。但是一八九五年五月底近
衛師團登陸之後，陸軍測量部小支部跟著進入臺灣測繪，
所繪製地圖作為攻臺軍隊內部使用，並未公開發行。明治
三十一年（1989）殖產局公開發行之二十萬分之一臺灣地
圖已是日本人測量的地圖成果，同時亦分派各式學門專家
全面性對臺灣進行繪測即調查，如地質學、人類學、生物
學、植物學者……，留下完整的圖文紀錄資料，作為科學
化殖民統治知識基礎，各地留下後世重要的現代化圖文資
料來源。

　　一九一〇年日本本國政治產生緩和改變，即朝向政黨
政治和議會政治的「大正民主時期」，一九一九年改派文
官田健治郎擔任總督，實行原敬首相的內地延長主義和同

化政治，主張統治臺灣民眾須教化善導，是為日本內地延長的態度。這二十年期間，以文官為首的幾位臺灣總督陸續實施地方自治、議會、屏除酷刑、共學共婚共文的同化作為，這也是日本治理較受臺灣居民認同的時期，也是為何現在臺灣街上會看到很多大正時期建築的原因。

另一方面，大正時期的一九二〇年，臺灣進入「新美時期」，即第一位臺灣留學生藝術家黃土水在日本獲得帝展入選，隨後「臺灣三少年」陳進、郭雪湖、林玉山更是臺展和帝展的獲獎常客，臺灣藝術進入日式現代化美術教育階段，隨後畫家兼美術教師石川欽一郎和鹽月桃甫等日籍畫家各帶來現代西化美術訓練課程，培養如楊三郎、藍蔭鼎、李石樵、倪蔣懷……等大批臺籍藝術菁英，對後來臺灣美術的發展留下深遠影響。彰化方面，日本畫家不破章，常到臺灣寫生，與彰化的張煥彩……等人一起作畫，留下不少臺灣圖像，這些畫家也將臺灣本土美術與世界藝術風潮接軌。

隨著日本的現代化殖民，出現在臺灣的圖像和藝術風格也產生了極大的變化，昭和初期的「無方針主義」時期，臺灣仍保存前清遺留的水墨繪畫風格，同時摻入了日本東洋的浮世繪風格，然而臺日尚未同化，各看各的調，在民間的繪本插畫和官方的宣傳畫可以看出端倪。一九三七年盧溝橋事件，日本發動侵華戰爭，對臺灣改採取極端的「皇民化政策」，恢復武官總督的軍事化統治以便做戰爭的動員，取消社會運動的允許，大倡全面改從日本姓名、文化、語言、宗教等全面化強制性內地化措施。皇民化運動分為一九三六年至一九四〇年的「國民精神總動員」，強化國民意識與時局共識；第二階段為一九四一年至一九四五年的「皇民奉公運動時期」，貫徹日本皇民思想，驅使臺灣人為日本權力盡忠。其背後的時局因素在

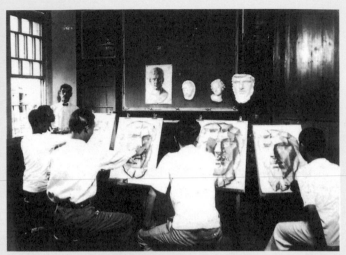

圖3-29 《山童吹笛》，
黃土水留日泥塑作品，
1919年臺灣第一次入選帝
展，開啟了「新美時期」
的新紀元。

圖3-30 石川欽一郎來臺教授西式美術教育，1927年攝於
倪蔣懷之臺灣美術研究所。

圖3-31 臺灣畫家藍蔭鼎為日本總督府文教
局所繪的愛國刊物封面。（陳慶芳提供）

於第一階段為一九三七年侵華戰爭作國際區隔準備，第二階段為一九四一年太平洋戰爭的全力動員。

在臺灣的宣傳畫上，介紹臺灣最多，且最為美觀的當屬昭和時期，各式風土民情、地景物產，以正面的型態予以宣傳，加上用心獨特的藝術畫法，新穎的設計風格，以及新進的彩色大量印刷，留下了各式的明信片、畫報、彩繪地圖等，十分精緻。透過藝術的風格，增進了日本人對臺灣親善的認識，也提高了臺灣人的視覺認同，其中又以一九三五年的臺灣博覽會的圖像傳播達到高峰，介紹了臺灣各地風情物產，也推銷日本建設現況。

從紀念性圖像，可以從明信片的內容表現上看出簡潔視覺傳播的效果，在通訊上以平面圖文為主的年代，「國家重要紀念日」也就成了定期套裝的出版誌念，其中以「始政紀念日」套裝的紀念明信片為具代表性。這紀念宣

圖3-32 《玉山》，這張明信片繪圖為紀念臺灣總督府施政11年週年所畫，於明治39年（1906）由總督府發行，發行量達31,396套，在當時十分受歡迎，發售後數小時即搶購一空。

圖3-33 《高砂麥酒海報》，日治時期之商業廣告，為鼓勵臺灣人消費，畫中日本女士還幫臺灣人斟酒。

圖3-34 「原住民舞蹈」紀念明信片，於大正6年（1917）為臺灣總督府施政22週年紀念發行，介紹臺灣原住民之風情。

圖3-35 臺灣的風景明信片，特地邀請名畫家鹽月桃甫創作，十分具藝術性，昭和10年（1935）由臺灣總督府交通局發行，紀念臺灣總督府施政40週年。

示從一八九五年（明治28年，光緒21年）六月日本軍將領樺山資紀率軍進入臺北城開始，於十七日舉行所謂「始政典禮」，從此臺灣正式進入日本殖民統治時期。所以每年在六月十七日這天，便被稱為「始政紀念日」。而又在一九三五年（昭和10年）十月一日至十一月三十日期間，臺灣總督府為紀念始政四十年而舉辦了「始政四十週年紀念博覽會」，以臺北市為主要展覽地點。總計五十天的展覽，參與此盛會的人包含了臺灣內外高達三百多萬人，此博覽會除了展示過去四十年間日本在臺灣的統治成果外，也企圖勾勒未來的生活遠景。

　　期間《臺灣博覽會展覽地圖》主要是方便觀眾快速了解會場各個設施的導覽地圖，畫風生動活潑，搭配具現代主義風格的封面，呈現現代化的美術風格，為當時臺北市內的美術設計公司，「吉村商會」設計印製。始政四十年博覽會除了臺北市的三大展覽會場之外，另外還有分布在各地的地方館。而這張會場鳥瞰圖將位於臺北市區的第一二會場、南方館和草山分館都標示出來。第一會場位於今天的西門町一帶，以中山堂（日治時期公會堂）為中心，向外散布至中華路（昔稱三線道）。這裡的設施以臺灣總督府為主辦者的「直營館」為主。主要展示日本在臺灣的建設現況，包含交通、林業、產業等等，可以說是臺灣總督府在臺灣四十年所做的成果展。第二會場位於現在的二二八紀念公園（原稱新公園），這裡展示了許多日本本地的現況，並增加了許多娛樂、消費的空間，如特別為兒童設計的「兒童王國」。而「南方館」則介紹東南亞各國與相鄰的福建館為主，雖然這些展示強調了日本的南進政策，但其中的演藝館（戲院）上演的各種劇碼與表演，反而是南方館最吸引觀眾之處，娛樂遊戲的消費性質遠比南進政策宣傳更令民眾趨之若鶩。無論如何，畢竟這是當

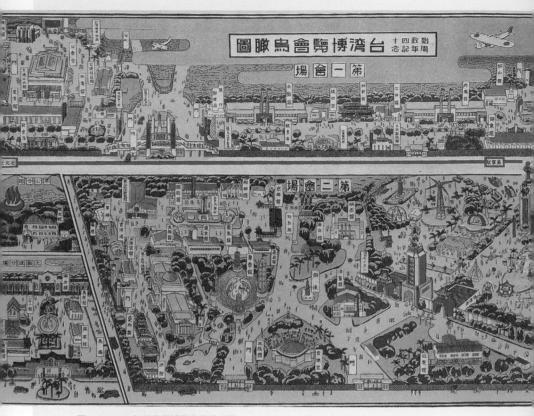

圖3-36 1935年的臺灣博覽會展場地圖。

圖3-37 臺灣博覽會展場地圖宣傳封面。

時全方位四維思考地展現日本在太平洋的殖民企圖及布局宣傳，透過有效的空間、展示、圖文、活動等等博覽會架構，一片欣欣向榮，積極地將臺灣推向國際舞台，作為太平洋諸國的示範及其殖民統治的成果宣傳。

地圖也是長期追蹤統治者與地理詮釋者的另一主題，從早期十七世紀前後大航海時代的經驗式標記地圖，地圖僅作簡單的經緯標示，反地貌理論，因無現代科學根據，形體比例各不相同，呈現一種樸素的美感。到了十九世紀已有科學的度量及數據化的地理呈現，地圖作為詳實精確的圖像根據，有助於現代化的航行、交通、物產、區域水文……的識別使用，初期為歐洲國家透過精確丈量而得，又以版刻複印，十分細緻。日本在臺灣的殖民統治過程，亦有參酌西方地理科學之方法重新繪製臺灣地圖及各地州廳地圖，方便設籍、管理及統治，是完整而嚴謹的現代化考證資料，形式嚴明簡潔，相對空間比例正確。然後期為浮顯文化識取及形象認同，特聘請畫家以具繪畫手藝的風格呈現設色優雅、筆觸細緻，兼具地理標示功能，強調手繪之人文藝術情懷，極具文化宣教效果，當中又以吉田初三郎和金子常光二人最為出色。

在吉田初三郎來臺繪製地圖前，早已有許多日本的鳥瞰圖繪師受委託至臺灣繪製鳥瞰圖。由坊間出版品及本次展覽所收集到的展品中，臺灣的鳥瞰圖作品的製作者，要以金子常光為最多。金子常光原來是吉田初三郎的弟子，在一九二〇年後開始直接參與吉田的圖繪工作。就在吉田成立「大正名所圖繪社」不久後，金子常光便脫離吉田初三郎另外成立自己的繪圖公司，「日本名所圖繪社」。他約一九三三年開始接手臺灣各地鳥瞰圖的製作工作，如下圖《臺灣鳥瞰圖》、《彰化市街鳥瞰圖》等皆出自金子常光之手。

圖3-38　《臺灣全島鳥瞰圖》，吉田初三郎。

　　一九三五年的始政四十週年紀念臺灣博覽會，除了
請到最負盛名的吉田初三郎外，金子常光等其他繪圖師，
也為始政博物覽會畫了不少作品，《臺灣鳥瞰圖》便是
其中之一。橫躺的臺灣似乎是畫臺灣鳥瞰圖最佳的角度，
本次展品中大部分的臺灣全島鳥瞰圖，都採取臺灣西部在
下，臺北地區在左，鵝鑾鼻在右的角度繪製。在這張鳥瞰
圖上，金子常光特別強調交通、產業與觀光點，特別是類
似溫泉、海水浴場與公園等可供休憩的設施。圖中也不忘
交代交通的航線，由臺灣各港口可南達香港、廣東、馬尼
拉，西通福州、廈門、上海、北至大連及韓國釜山。地圖
左上角除標示通往日本神戶、東京的航路外，連富士山都
看得到。

　　而一九三六年的皇民化運動，圖像的樣式和主題內容
亦隨著軍事動員逐漸限縮，宣傳日本軍國主義插畫和繪圖
大量增加。特別是太平洋戰爭後期的「皇民奉公運動」，
窮兵黷武的軍事宣傳和誇大戰情圖像充斥官方出版品和民
間社會，以激勵戰爭動員及思想控制，甚至出現孩童從
軍，鼓勵幼童生產或成家立業的插畫，足見戰爭末期人口
年齡層嚴重下降的窘況和困境。

圖3-39《臺灣鳥瞰圖》，金子常光，1935年(昭和10年)，摘自昭和年間公學校用國語課本。

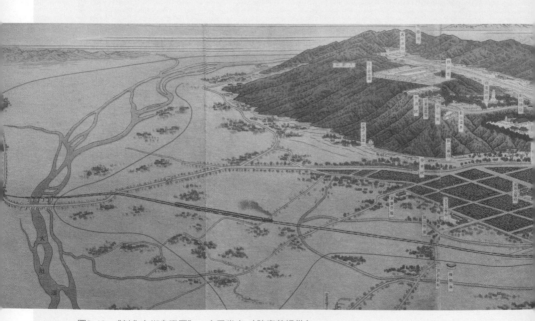

圖3-40 《彰化市街鳥瞰圖》，金子常光（陳慶芳提供）。

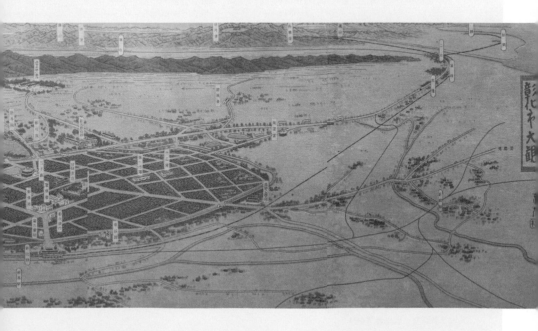

圖3-41　第一徵兵保險教育結婚保險案內（溫文卿、劉峯松提供）。

圖3-42　為促銷新發行第一回戰時「貯蓄債券」、「報國債券」所發行的宣傳海報（李國隆、劉峯松提供）。

圖3-43　愛國進行曲插圖（陳慶芳提供）。

## （六）戰後國府時期

　　一九四五年八月十五日，日本天皇放送〈終戰詔書〉，第二次世界大戰結束，日本方面在麥克阿瑟的要求下向中國統領蔣介石方面投降。八月日軍撤出臺灣，呈現了兩個月的無政府狀態，十月五日臺北設在臺灣省行政的長官公署，中華民國政府於十月廿五日代表同盟國接管臺灣。此一軍事接管行動，由陳儀出任行政長官兼警備總部司令，延續日本軍事統治，一九四六年一月十二日中華民國單方面宣布臺灣人民恢復國籍，此二舉動與戰後託管的用意不同，遭到同盟國美、英、荷政府抗議。

　　半世紀來接受了日本現代化殖民的臺灣人民，雖心向祖國，但戰後物資凋敝，通貨膨脹嚴重，加上國軍素質低落、官員腐敗，相對的外省軍官亦仇日已久，國民政府橫行霸道的軍匪形象徹底令臺民痛惡反感，民怨四起，各地發生軍民衝突。直到一九四七年初，因一起臺北街頭的緝私菸血案，致使衝突擴大為全面性「二二八事件」暴動。國軍增援部在陳儀的「有組織叛亂行為……奸黨亂陡須以武力消滅」為由，分別在基隆港與高雄港登陸鎮壓，大舉清鄉肅殺，包含嘉義籍畫家陳澄波在內，大量臺籍菁英和百姓慘遭無辜殺害及逮捕囚禁，橫屍遍野，無人認斂。軍警特務恣意隨機逮人，非法綁架，殺害無辜，導致長期臺民心驚膽懼，揭開了自此長達四十年的高壓統治和恐怖生活序幕。

　　一九四九年國共鬥爭，國軍潰敗，國民政府撤退臺灣，中國共產黨在大陸宣告成立中華人民共和國。為免重蹈覆轍，國民政府遷臺旋即頒布《戒嚴令》及《動員戡亂臨時條款》，作為「反攻大陸」的準備，對全臺進行全面性嚴苛監控，結合黨、政、軍，特等勢力，持續社會及

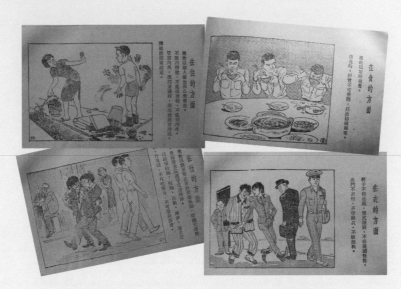

圖3-44　梁中銘所畫《總統指示生活規範圖解》（陳慶芳提供）。

圖3-45　戒嚴時期常出現的蔣介石肖像，圖為中國陸軍畫刊（陳慶芳提供）。

政治的高壓統治，無端牽連被冠以「匪謀」羅織入獄者無數，或監禁、或處決，國民政府延續在中國對付共產黨的高壓整肅手段進行「白色恐怖」，臺灣亦進入全世界戒嚴最長時期的軍事統治。

　　國民政府登臺之初，百廢待舉，加上大陸潰敗及高壓統治，此階段臺灣文藝界噤若寒蟬，文藝作品或商品媒體僅能呈現保守樣態，此階段圖像風格，一方面臺灣民間仍維持日治時期的低調風俗畫面貌，另一方面則是國民政府透過政戰系統的反共愛國主題繪畫，充斥於大街小巷，商品文宣、教科書、政令海報……，歷史上表彰忠義愛國氣節，政治上反共抗俄，生活上簡單樸素，精神上效忠領袖，其中政策性文宣品出現最多的是蔣介石肖像，不管本省人外省人，也只能全面附和，以免遭來橫禍。

　　值得一提是，在國民政府來臺之前，左派思潮已瀰漫亞洲各地，甚至是早期臺共曾潛伏的日治時期，當是全面性社會主義的理想熱情，一部分的早期左派文學或著作結合「表現主義」木刻版畫，極具社會抗爭渲染力，這股文青風繪畫源自歐洲的左派和反法西斯繪畫風格，在中國受到魯迅等左派文學家所倡導鼓勵，亦流傳到臺灣終戰初期，外省籍左派畫家朱鳴崗、黃榮燦皆是代表人物，而黃榮燦的《二二八事件恐怖的屠殺》木刻版畫生動表現出

圖3-46　梁又銘所畫《帝俄侵華史畫》（陳慶芳提供）。

緝菸肅殺的恐怖情景，成為二二八事件唯一的留存圖像，其他左派圖片，連同書冊、人士、思想，在這股「白色恐怖」高壓統治下都湮滅消失，無影無蹤。

　　一九五〇年起，國民政府為了栽培臺青政策，實施地方自治，臺議會議員及縣級以下縣市鄉鎮長及民意代表可由公民自選產出。一九五〇年雷震等人在《自由中國》雜誌上提出民主言論，並於一九六〇年籌組中國民主黨，旋即被政府逮捕入獄。一九六四年臺大教授彭明敏等人起草〈臺灣自救運動宣言〉，主張「遵循民主常軌，由普選產生國家元首。」三人隨後遭逮捕並判處「叛亂罪」。之後民主選舉的呼聲、臺灣自決的言論雖在戒嚴壓制下，社會運動仍前仆後繼發生，這股來自各方不同於國民黨的勢力統稱為「黨外」。

　　一九七五年蔣介石去世，一九七八年蔣經國後任總

圖3-47 黃榮燦《恐怖的檢查》1947

圖3-48 朱鳴岡《朱門外》1946

圖3-49 朱鳴岡《迫害》1948

統，推動各項經濟計畫，並鼓吹三民主義，延續蔣家政權於國際孤立的局勢中。黨外運動及民主言論並未因蔣家戒嚴而平息，一九七九年底發生陣容甚大及影響臺灣民主發展深遠的「高雄美麗島事件」，一九八六年中正機場「黑名單事件」，一九八九年鄭南榕自焚事件，政府形象大傷，美國並藉機施壓。一九八七年臺灣宣布解嚴，一九八八年蔣經國病逝，李登輝繼任總統，乃首位臺籍元首，也實現了蔣經國臨終前囑咐「蔣家人不再擔任總統」的遺言。一九九一年李登輝終止動員戡亂時期，意味中華民國不再否認中華人民共和國的政權合法性，同時廢除國民大會，積極推動臺灣民主與本土化政策。一九九〇年代後臺灣逐漸開放政治民主化與多元社會的各種議題，之後多次政黨輪替，成為亞洲華人地區可以全面性人民直選的國家。

一九五〇年代臺灣接受美國援助，每年約獲得一億美金的貸款，陸續接受物資及基礎建設的援助。同時政府實施進口替代工業，一九六〇年代臺灣提供大量基礎工業及勞力密集加工出口，逐擴大貿易及生產出口，「Made in Taiwan」此時成為全球廉價商品的代名詞。一九七〇年代時任省主席謝東閔提倡「家庭即工廠」勞動政策，更加速勞力密集生產，大量人口湧入城市，農村雜夾工廠，成為奇觀。此時樸實工作的臺灣人在勞力密集、環境惡劣的條件下為臺灣經濟打拼出「亞洲四小龍」的貿易成就，「臺灣錢淹腳目」這種榮景延續到一九九〇年代。雖然經濟繁榮，但長期的工業優先、勞力密集的動員下，環境汙染嚴重、公共安全及治安惡化事件頻傳，城鄉文化斷裂，為往後社會發展帶來長期調適的環境和社會問題。

圖3-50 美援時期農復會發贈的月曆，畫中的農婦已有洋人之長相。（1954年）（陳慶芳提供）

圖3-51 臺灣全省物產分布圖，右下角仍有美援商標，民國40年（1951年）。

圖3-52 民國38年（1949年）發行的《自由中國》期刊（陳慶芳提供）。

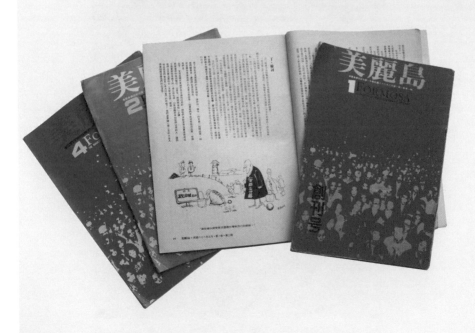

圖3-53 民國68年（1979年）發行的《美麗島》雜誌（陳慶芳提供）。

# 四、插圖在臺灣及彰化文學中的表現

## （一）明、清領時期

　　臺灣在明朝及清領的早期拓殖時期，開墾民眾多為胼手胝足、篳路藍縷的農民居多，大多是文盲，文字流傳並不普及，教育程度也不高，倒是在生活底下傳唱不少的俚諺和民謠，文字淺顯易懂，反映出常民的生活景貌，口語和風土樣貌是最佳的文圖形成，以真實生命經驗傳誦著。從渡海來的墾民中即早有詩歌流傳，如：「刺瓜刺刺刺，東都著來去，來去允有某，不免唐山這艱苦。」又如鹿港俚話云：「施黃許，出恰查某；娶到施黃許，敬如天公祖。」

　　而來臺官宦中，多為熟悉傳統詩文的士大夫階級，所寫的遊臺記略，多屬文獻性質，另也有來臺懷傷明志的感嘆詩文，多以中土本位思維為主，較缺乏臺灣的本土認同價值，這些「遊宦人士」的詩文，是否有文人畫為佐，不得而知。然在官方文獻中，即各地文獻，因官方發行，多以木刻版為主，以木刻版畫，多以記錄圖輿地景，方便朝員間流傳典收。

　　早期遊宦作品最早有明儒沈光文等開啟的「東吟社」，清初的郁永河《裨海記遊》、黃叔璥《臺灣史槎錄》、藍鼎元《平臺紀略》，江日昇的《臺灣外紀》等。這些書冊多以線裝折頁，以木板刻字複印，僅以文字傳

世，少有圖片。

　　一八四四年～一九二〇年，清廷在臺灣統治已穩固，文官體制亦帶動科舉士學，讀書風氣漸佳，並有傳統漢文學發起詩社，成為文人雅士間的交流活動。在彰化有陳肇興和黃詮等，陳肇興（1831～1866）所寫〈春田四詠，分秧〉中寫道「春前春後而初晴，十里風吹吒犢聲。不待鳴鳩終日喚，已看秧馬帶泥行。連疇蔗葉籠煙碧，隔夜桐花映水明。記得當年賢令尹，樂耕門外勸春耕。」即使在那個少有插圖的年代，從文裡行間就可以看到生動的有農村地景和耕秧情節。

　　清末在臺文人科才輩出，詩文程度不遜中國內地水準，然列強割據，內憂外患，文人們開始反省清廷迂腐無能，多振筆疾書民族思想，提倡鄉土意識及表達民間疾苦的詩文亦鏗然有聲，可見傳統文人力圖革新振作的保鄉精神，也為後來的臺灣文學留下風範。

　　此時期在彰化有充滿強烈漢族意識的洪棄生（1867～1929）和義憤填膺的吳德功，兩人所寫的《瀛海偕亡記》、《讓臺記》、《哀季子歌》都不約而同記錄了漢人保鄉抗日的英勇事蹟。而洪棄生在〈臺灣哀詞〉之四中寫道：「魯仲千金恥帝秦，黃看時事化埃塵。有懷蹈海鼇梁折，無淚填河蜃氣皺。島嶼于今成糞壤，江山從此屬遺民。芬芬玉石崑岡火，換書紅羊劫外人。」在那個文書有限的年代，仍可看出其不屈不撓的「臺灣詩史」之壯志及時局。


## （二）日治時期

　　臺灣的文學評論學者認為，在文學史上的定位乃從日

治時期開始，也肇因於統治文化的差異而產生的語言思維和批評角色，進而展現一股時代青年的思想力量和寫作內容。

　　一九一九年，在東京的留學生改組成立「新民會」，主張擺脫舊有的古詩文體，而揭開臺灣白話文學的序幕。這股思潮付諸文字，起始於臺灣留學生創辦的雜誌，一九二〇年發起的《臺灣青年》記錄了臺灣文學發展過程。一九二三年《臺灣民報》創刊，介紹海內外文學及五四運動的作品，期間試圖推動社會運動並發揮輿論壓力，自許為「臺灣人唯一的言論機構」，一九二〇年改版為《臺灣新民報》，最高時曾達到五萬份發行量，奠定了自決言論在臺灣社會的閱讀基礎。

　　其中筆名「追風」的彰化芳苑人謝春木，連載於《臺灣》雜誌上的《她去哪裡了？——給年輕煩惱的妹妹》，採用寫實創作小說手法，描寫在封建時制度的臺灣女子的心路歷程，是早期臺灣小說的開始。謝春木之後也便擔任《臺灣民報》的主筆，以寓言式的小說暗諷日本時政。

圖4-1　《臺灣文學》雜誌（1931~1932年）。

圖4-2　首部臺灣文學日語書籍《棘之道》王白淵著／1931久保庄書店。

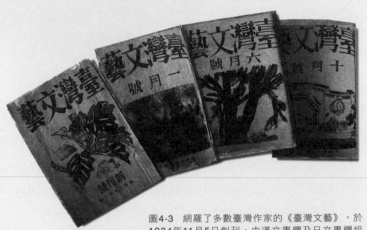

圖4-3　網羅了多數臺灣作家的《臺灣文藝》，於
　　　　1934年11月5日創刊，由漢文專欄及日文專欄組
　　　　成。共發行16期。

　　一九二○年代在彰化行醫的賴和，呼應甫登版面的
白話文運動，在《臺灣民報》和《臺灣新民報》著手發表
了二十多篇白話小說、雜文，筆名懶雲的人道主義寫作，
批評統治勢力，同情弱勢族群，因與魯迅的中國現代文學
前後呼應，有人稱為「臺灣的魯迅」及「臺灣新文學之
父」。

　　一九三○年代，影響臺灣文學、語言、民眾意識的
「臺灣鄉土文學論戰」正式開始，一為傳統漢文文學，一
為日文文學，另一則從白話文學發展出來的臺灣文學，搭
配當時日益穩定的雜誌出版，寫作發表量極為踴躍，集合
臺灣進步思想作家組成的「臺灣文藝聯盟」、「臺灣新文
學」相繼成立，乃標榜文學運動的政治性藝文結社。

　　此階段的現代文學，版面風格改從日式右上左下的排
版風格，初期僅陽春的文字編排為主，插畫不多。後來論
戰及閱讀風氣興盛，一九三○年代的刊物和書冊，皆明顯
看到有局部插畫出現，增加閱讀趣味，特別是封面，造形

美感及美術表現十分有力，應是受到日本現代設計的美術風格影響，如一九三一年出版王白淵的《棘之道》，是臺灣詩人的首部詩集，其封面已有相當成熟的西式現代主義插圖畫面，將荊棘植物造型轉化為極簡構圖，中間呈現十字架主色塊，配以美術字的標題，呈現簡潔有力的視覺張力和美感。這與當時以寫實訓練為主的臺灣現代美術繪畫風格比較起來，以現代主義的藝術發展來看，插圖的應用比美術界的創作還要前衛。

　　一九三七年日本對中國發動蘆溝橋事變，中日全面戰爭爆發，臺灣總督府改由軍派，成立國民精神總動員本部，推行日本之主體思想，壓制和文化。臺籍作家此時只能依附在日本作家的組織團體，如臺灣詩人協會和臺灣文藝協會。傳統漢詩寫作中斷，而臺文書寫的新文學仍有創作在檯面下進行。此現象如一九三五年以漢文和日文並存的《臺灣新文學》在臺中創刊，一九三七年即因時局箝制停刊，期間少數民間漢文學寫作及通俗刊物，如《風月報》、《臺灣藝術》，仍以局部漢文篇幅刊載著。

圖4-4　楊逵所編《臺灣新文學》，1935年在臺中創刊，內容由漢文及日文作品構成。

　　相對於生存不易的臺灣文學以單純文字刊載，配合皇民化政策的日文書寫方式，即有較優的出版條件，很多和文學寫作即以翻譯成日文版發行，如一九三八年徐坤泉《可愛的仇人》中，便有生動的插畫作為補充，又張文環在譯者序中「冷清的臺灣文壇（譯文）」反映當時文壇窘狀。其後的漢文寫作皆有持續，如黃得時的《水滸傳》和徐坤泉《可愛的

仇人》，本來都有漢文原著，只是後都以日文版本發行，並搭配插圖輔助閱讀，而其中《可愛的仇人》插圖風格已明顯以東洋畫風繪製，人物面容、構圖形式皆與日本流行繪本樣貌類似。

這個時期臺灣文學出版已十分發達，配合戰時文宣，拼版式的快速印刷和彩色套色技術已可進行大量印製發行，搭配美麗生動的插圖引人入勝，雅俗共賞。當時的插畫風格已十分豐富，有簡筆線條、筆觸色塊寫實擬真，生動活潑，以因應多元的讀者，而立石鐵臣（1905～1980）的版畫風格《民俗臺灣》獨樹一格，反應灣生日本人對臺灣風土民情的視覺認同，值得關注。相較於當時的美術畫壇走日本學院的印象派西畫及東洋膠彩畫來對比，插畫對應時代市場客群需要，更顯得活潑多元。

戰時雖皇民化運動大行其道，語文一元化已是無庸置疑，但以臺灣內容的主體思想仍持續蔓延，猶如星星之火。一九四二年，臺中一中學生以油印出版《邊緣草》，

圖4-5　徐坤泉《可愛的仇人》插畫，其以「阿Q之弟」之名發表的漢文作品，後由張文環翻譯成日文。

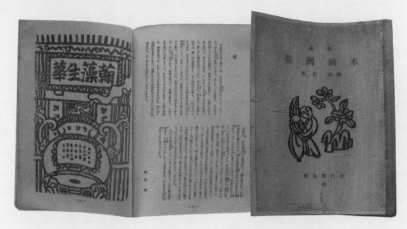

圖4-6　西川滿編的《臺灣繪本》，昭和18年（1943年）出版，
邀請多位文學家及畫家共同創作，圖文並茂。（陳慶芳提供）

圖4-7　介紹臺灣風土民情的《民俗臺灣》，昭和19年（1944
年）出版，立石鐵臣為其繪製了大量精采版畫插圖，十分具有
臺灣本土風格。（陳慶芳提供）

組成「銀鈴會」詩社，戰後林亨泰加入，改登中文詩，也
刊載日本詩，文字不同，但抗暴懷鄉的本土精神一樣。此
時期臺灣文學作家主要有賴和、楊逵、吳濁流等，部分仍
活躍於戰後臺灣文壇，如吳濁流著有《亞細亞的孤兒》、
《無花果》、《臺灣連翹》等大河小說。部分文學作品戰
後也有重新翻譯成中文問世，對後代的文學發展影響甚為
深遠。


## （三）國府戰後時期

　　一九四五年日本撤出臺灣，至一九四九年國府退遷
來臺，四年間短暫的無政府時期，臺灣進入了「後殖民時
代」，長期日本教育遺留下的臺灣文人和文學家，對「祖
國」去殖民主義充滿期待，但伴隨的是陳儀官署的「去日
本化」向「中國化」的操作，灌輸中國文、史、地及宣揚
三民主義，實為「國黨教育」，當時臺灣文學展尚未體察
時態，仍持戰後的解放盛況與中國熱，《民報》社論即提
中國化的光復思維，「臺灣文化協進會」也協助政府宣揚
三民主義，相關的接收言論也廣泛的刊載在其他報刊書籍
上，其中也有與左派接軌的楊逵《和平日報》副刊「新世
紀」，呂赫若和蘇新則更改路線為對時政批判和質疑。
　　戰後無政府狀態的渾渾噩噩，臺灣文學直至「二二八
事件」才春夢乍醒，進入戒嚴統治和文化肅殺與社會清鄉
的歷史險境。楊逵在《臺灣文學》道出「反映臺灣現實，
表現臺灣人民的生活情感與思想動向」。而吳濁流《波茨
坦科長》所暴露的是對祖國回歸的幻滅，反映自主自覺的
重要性。一九四九年國民政府全面轉進臺灣，宣布戒嚴，
一九五〇年代陷入「白色恐怖」，楊逵等文學家銀鐺入

獄，臺灣文學面臨中斷噩運，取而代之是以外省族群主導的「反共」、「戰鬥」文學，主控發表園地及審查機制，臺灣本土作家見勢收筆退隱，但強勢的文化箝制卻也激發了後來新生代作家的崛起。這時期的文學風氣籠罩在風聲鶴唳之肅殺氣氛中，但出版事業並未中斷，初期的左派文學封面插圖仍維持革命表現主義風格或民間本土意象，生猛有力，企圖藉圖像表現出作者亟欲耕耘社會和喚醒文壇的怒吼。之後出現的軍教文藝和官方寫作的刊物，雖不乏文筆高手，作家在機關鼓勵下藝文團體和成員人數眾多，但內容保守，或歌功頌德，或鴛鴦蝴蝶，美編插圖風格四平八穩，負責插畫的也多以外省官方的畫家居多，呈現一片「復興中華，打倒匪邦」的動員景象。

　　冷戰時期的臺灣，因為經濟穩定及美援支持，臺灣在出版量及風貌上逐漸復甦，紙面出版品是大宗，插圖的閱讀需要大增，各式雜誌、書籍、畫報……皆是插畫家表現的機會，印刷精美，流通量大。然而解嚴前所有出版品都須經過國立編譯館的嚴格審查，圖文內容必須在不得搖動

圖4-8　楊逵於戰後初期出版《鵝媽媽出嫁》、《送報伕》等的創作及譯本。

圖4-9　吳濁流在二二八事件之後，仍陸續發表《亞細亞的孤兒》、《胡志明》等批判小說，對文壇影響深遠。

國本和善良風俗下，體裁發揮仍有限制。插畫風格也因閱讀對象有所不同，公家出版品多四平八穩，已有成熟的彩色寫實繪圖及漫畫出版，而民間因美式文化的輸入，各地西化式設計及美術技法漸取代了原東洋化風格。另外，在漫畫書的出版產業上，一九六〇年代臺灣因無著作權法的保護，出版商多從日本攜入漫畫後再聘美工將之重畫並大量出版，盜版亦猖狂，僅有幾位本土漫畫家自創漫畫書品牌，如葉宏甲的《四郎真平》、劉興欽的《阿三哥與大嬸婆》，臺灣漫畫大量閱讀日式漫畫已是檯面下的熱門租閱情形，對日系人物造型及描繪風格已成普遍現象，加上日系卡通的輸入，埋下了日後對日系卡漫風潮在臺灣的熱燒不退的世代品味。

　　而一九九〇年代政治解嚴之後，臺灣呈現多文化社會，國民教育水準提升，消費水平也增加，各類出版品也臻於成熟，精緻且風格獨特的繪本和插圖的專業學門，人民在閱讀上對圖像的識取量大增，多位知名插畫家並有專

圖4-10　1960年代葉宏甲所繪《四郎真平》系列漫畫，膾炙人口。（陳慶芳提供）

圖4-11　1950年代國防部總政治部應國民黨部號召文藝界人
士「文藝到軍中去」，創辦《軍中文摘》刊物，後更名為
《軍中文藝》，又再名為《革命文藝》。

圖4-12　民國42年（1953年）出版的《現代詩》季刊。

書出版，受歡迎程度不亞於文字工作者，呈現雨後春筍、百花齊放的景象。廿一世紀後，電腦、手機已輕薄便利運算效率更快，記憶功能巨大，新媒體與科技資訊的普及，數位影像漸成為網路及通訊媒體的重要點閱角色，改變了原有文字為主的傳統閱讀功能，電腦繪圖、漫畫公仔……「看圖說故事」新的插畫方式，儼然成為新世代媒體不可或缺的瀏覽形式，「一看就懂」，圖像的功能角色有時更超越文字。

## （四）一九六○～一九八○年代國府時期

### 一九六○年代的「東西文化論戰」

隨著美援的進入和美式生活的接觸，加上經濟和社會的穩定，新生代文學家開始不滿足於國府主導的反共文學和懷舊文學。西方文藝思潮刺激了新世代青年在現有文化基礎上的反省與重新認識，由紀弦所主導的「現代派」與覃豫主導的「藍星」對文學的發展產生論戰，前者主張應導入西方現代主義接軌並強調知性的發展，成員有紀弦、林亨泰等一百餘人，後者主張應繼承中國傳統思想再發展創新，成員有余光中、黃用等，另有「創世紀」詩社的洛夫、張默、瘂弦等，在這中西文學混戰的激盪下，深化了文學的探討，引進西方理論活化了創作的內涵，成為推動臺灣現代詩的一股新力量。

### 一九七○年代「臺灣鄉土文學論戰」

在解嚴前的一九七○年代，長期的政治、經濟、文化、國際時局產生了很大的變化，加上此起彼落的社會和

臺灣自覺運動，文學家開始思考文學的文化立場和主體認同問題，一路線是強調時代性、社會性的鄉土文學派，如鍾理和、鍾肇政、李喬、吳濁流、黃石濤、黃春明、東方白等；另一派則是延續國府反共愛國路線的戰鬥文藝路線。此階段彰化的新文化代表文學家有洪醒夫、宋澤萊、吳晟、康原、王定國等，皆明顯以書寫作為土地的認同發聲。

　　這場本土論戰持續到解嚴前後，除了藉文學立場的辯論而擴增了讀者對藝文發展的思考，也反映了文學在戒嚴末期對臺灣未來開展路線和土地認同選擇上提出立場觀點，更明確指出臺灣的多元體系架構，補充了文學創作長期偏離社會和脫離現實的認同問題。部分文學家更同時轉向直接參與和社會組織、政治改革的運動，如：彰化的姚嘉文、二林的廖永來，為臺灣下一個世紀留下了濃厚的文化素養和復甦的動力。

　　一九六〇至一九八〇年代這個過程，政治上雖是黎明前的黑暗，然而成果上卻是臺灣文學寫作最活躍和出版最興盛的階段。由於國民教育水準提高，伴隨晦澀教育和媒體壟斷，文字的批評、歷史的揭露和思想的啟迪大受矚目，文學為廣大讀者提供了清新的知識啟發，愈是禁書愈是搶手，書店裡大量地出現文學套書和各路報章雜誌，文字的生產和出版的市場空前興盛，加上印刷技術的提升，先進的網版印刷和大型的印刷設備引進，使得文字出版更精美迅速，一片欣欣向榮。插圖因各出版市場的擴增和美術的大量需求，出版界亦出現了專業的插畫家，如中時報系的林崇漢、聯合報系的徐秀美、自立報系的魚夫漫畫，也有邀請臺籍畫家作品作為封面或配圖，以襯顯其文筆性格及氣質，已非過去只是一種單純美化或補白的角色。美編技術人員也大幅提升，各出版社如雨後春筍，也各自代

圖4-13　1970年代「臺灣鄉土文學論戰」，各式鄉
土文學作品如雨後春筍發表（康原提供）。

圖4-14　1970年代由救國團系統出版的校園刊物《幼
獅少年》，以青少年為閱群對象。（陳慶芳提供）

表了不同的思想型態和讀者市場，專職的美術編輯和插畫家也有足夠的舞台發揮所長，印刷品質材料完備，版面風格清楚且多元，插畫的美術引導給文學著作帶來開門見山的視覺效果。

## （五） 國府一九九〇年代後時期

一九八七年七月十五日，臺灣宣布政治解嚴，進入了一個新的開啟格局和多元社會，中國經濟的崛起，全球化的國際新市場情勢，新科技媒體的改變，出版在臺灣已多元風貌，百無禁忌，也給文學創作帶來另一階段的衝擊和形態上的質變。

多元化社會賦予了各自體文化的語文體裁，發展出母語文學的寫作方式，除了原有中文書寫外，本土路線發展出的臺灣文學、客家文學、原住民文學，符合臺灣各族群的母語溯源及語言書寫特徵。女性文學也不遑多讓，李昂的女性小說、石德華的校園文學、吳音寧的新時代觀察，提供了新時代文學寫作下的女性觀點。

出版形式因時代科技產生了不同的閱讀方式，從閱讀新媒體轉向不同的書寫方式，最明顯是資訊網路的盛行與大量流傳，數位儲存及下載量大，網路訊息傳輸無遠弗屆，取代了原有印刷紙本的實體版面，因應而生的網路文學，如九把刀、駱以軍、陳雪呈現了新世代對網路媒材運用的新趨勢。然而媒體的興盛也加速閱讀的消費性和市場排行的商業性，作家利用市場通路或媒體操作自我行銷的情形也甚囂塵上，本末倒置，顯現出通俗文學與時俱進的商業消費現象。

而插圖與繪本的發展與新世代的視覺感官取向亦找到

新樂園，數位媒體和網路閱讀更有利於圖像的展現方式，甚至有圖像超越文字的使用情形，文字瀏覽化與圖片點取化的操作似乎是數位網路的普遍應用方式。傳統畫家在新媒體的改變下已漸改為電腦繪圖、動畫、漫畫、互動影像的科技運用了。而插圖的圖像趣味化也愈迎合年輕人的美感品味，活潑有趣的造型，鮮明新穎的設計感，都是必須考量的編排技術操作，文學的視覺化思考在當代媒體發展上也勢必面對多元化、感官化的問題，以文字書寫的人本經驗在這數位時代或虛擬世界中顯得稀有而彌足珍貴。

# 五、插圖和繪本的功能特性

　　插圖與繪本提供了閱讀的視覺感受，補充了甚至強化了作者的文本意涵，繪畫形式本身具有某些文字功能所難以言説之具象敘述效果，甚至提升至典藏之藝術價值。藉由插圖或繪本形式所搭配的書寫，若充分理解或貫徹作者的寫作意境，更具體傳達出文字背後的實際或想像境地，並讓讀者藉由圖像視覺的美感增進閱讀情趣。圖文並茂的方式使文字及視覺語言同時並進，倍增文本閱讀效益及體驗認同，提升文本的傳達效益，並具體影響文本閱讀的美感經驗，積極扮演文字強化及教育推廣之促進，是文學或文化推動極可採用之輔助形式。其具有如此深化美感之閱讀功能，在於具備以下幾項條件：

## （一）接近純藝術的繪畫語彙及感染力

　　插圖與繪本除了具文本的説明性之外，其本身之繪畫風格或設計風格亦呼應了當時社會的視覺知識取面向，表現出時代普遍社會大眾的視覺價值認同，是較整體的視覺量性效果。如同早期的版畫、鋼筆畫、後來的水彩、電腦繪圖，各呈現了各時代的主流繪畫媒材。它也有質性的程度差異，因出版的成品高低而有優質與俗劣的品質程度差別，反應出它的市場價值和銷售行情，有的僅是低成本的配圖，看完就丟，僅具消耗性的視覺填白功能，有的插圖十分精美，風格獨特令人流連忘返，一看再看，提高了文

本的閱讀價值。

　　有些插畫家的作品技法相當完整，貼近時代反映地域風情，如美國插畫家諾曼‧洛克威爾（Norman Rockell 1894～1978）以熟練的油畫寫實技法，他早期為商業雜誌或兒童刊物畫過封面畫作，畫風具有童趣的赤子之心，呈現美國大多數人樂觀、積極的主流價值，加深了美國人對其社會文化抱持「理想美國夢」的態度，為一九四〇、一九五〇年代的美國畫出一幅又一幅精美、風趣的油畫，其畫報封面成為引導讀者爭相購買的吸引力保證，現在畫有他作品的舊雜誌，一本可以賣到上百元美金，更鼓勵了當時二次大戰動員及反映美式生活價值的有力見證。

　　又如美國當代插畫家馬克‧瑞登（Mark Ryden），畫風屬精細的超現實卡漫風格，他將特有情境的故事場景，放上如塘瓷娃娃迷樣大眼的冷艷女孩，融合懷舊古典元素，刻意將歷史（如林肯）或宗教（如耶穌）人物予以縮小矮化，以顛覆傳統價值觀，混和成一種闇黑魔幻的神祕畫面風格，極受重視和喜愛。瑞登原本是一位通俗插畫家，以卡漫風格為主，後來從《愛麗絲夢遊仙境》奇幻故

圖5-1　美國插畫家諾曼‧洛克威爾（Norman Rockell）以童趣的畫風畫出「理想美國夢」。

事得到靈感，將詭異的人事物融合變化，畫法細膩、風格獨特，同列為當代藝術的熱門收藏行列。他同時擔任商業插畫的委託、封面及畫報的繪圖，其藝術性之插畫地位所受的推崇可見一斑。這些插畫作品在藝術上的表現與功能價值，甚至進入到畫廊典藏市場，成為風靡全球的熱門佳作。因其創作程度不如純藝術作品艱澀且須面對前衛觀念的自我挑戰，觀念及技術門檻較低，是故可以滿足較多的繪畫工作或大眾市場，也是其社會接受度較高及推廣較易的原因。

## （二） 提供文本的視覺想像及模擬情境

　　文字的書寫源自於作者對現實人、事、時、地、物的現實情景之啟發，透過作者的觀點、感受、體認等，藉由描寫手法，用字遣詞構築意境成為文學的美感。插圖及繪本也不僅單純可作為說明配圖，插圖可讓畫家獨特的筆法和畫面鋪陳，補充其視覺美感及情境想像，同樣具有「起、承、轉、合」的故事敘述結構，相輔相成。也單純如童話或童詩的文字鋪陳，透過繪畫的風格手法可呼應其背景情境，甚至可補充故事中脫離現實的視覺想像。

　　以《三隻小豬》和《虎姑婆》的故事為例，三隻小豬是格林童話的西方故事，可搭配的插畫內容和風格是西方的；而虎姑婆則是臺灣民間的流傳故事，造形及畫法一定得臺灣面貌特徵才會具有本土味，不管讀者是臺灣人和外國人，兩個童話故事透過不同畫風給人不同的時空想像，「古早，古早以前……」，文字開頭相同，但畫面引導的是兩個截然不同的時空背景。而且兩個故事都是擬人化的超現實想像，豬不會蓋房子，人不可能成為老虎，但透過

繪畫誇張的手法，在圖像裡這些都會成為可能。

　　例如法國《小王子》（the little prince）小说，法國作家安托萬・德・聖・埃克蘇佩里於二戰時流亡美國的小说，描述飛行員墜機於撒哈拉沙漠的奇遇記，情節是作者本身飛行員經驗的經歷和想像，小王子這金髮人物也是他對自己兒時的印象。那簡潔優雅的水彩插畫全部由聖埃克蘇佩里作者自己一人所繪，更可具體了解他對故事想像的情景，也賦予了文字靈魂以具體的形象和軀體，《小王子》小说後來被改編成卡通、戲劇、電影等等形式，都是以插畫中的形象作為範本。因為圖像的輔助，讓讀者能身歷其境，感同身受，其簡樸畫風亦令人保有清新脫俗的閱讀心理，以貼近作者的想法和心境。它被翻譯成兩百五十多種語言和方言，全世界迄今已售出兩億多冊，是世界暢銷的圖書之一，成為國際不朽鉅作，其人物描繪形象亦成為小说作品的同等象徵。

圖5-2　法國小王子（the little prince）繪本小说，已被翻譯成250多種語言。（晨星出版社提供）

## （三）藉由視覺語彙強化文本之文化訴求及
價值認同

　　任何文體及用字用語習慣皆可呈現其文化認同取向，
這也是臺灣文學前輩以「白話詩」取代「漢詩」的原因，
一則是向市民階級的口語親近態度，一則是向滿清遺學的
鄙棄和斷絕。而圖像亦反應了視覺的文化認同，不同生活
習慣和圖文傳播方式也引導了民眾對圖像識取的偏好，是
一種經由視覺內化而成的文化識取，是故文體用字的語體
選擇加上圖像風貌的形塑，史會加深圖文引導使對作者表
述的主體立場。

　　以日治時期的日籍畫家立石鐵臣為例，他是在臺北
東門出生的灣生日本人，接受岸田劉生及梅原龍三郎學習
繪畫，具有後期印象派影響，他東洋畫、西洋畫、版畫
皆有擅長，展覽發表無數。他往返臺灣多次，十分熱衷臺
灣風土民情，也喜歡結交臺籍畫家及友人。他為臺灣很多
出版品繪製版畫插圖，立石鐵臣屏除日本東洋畫風格，改
採臺灣民俗畫之筆法和人物造形作為版畫插圖風格，在
一九三五年為同人雜誌《媽祖》，一九四〇年為黃鳳姿
《七娘媽生》、《七爺八爺》，也為《民俗臺灣》、《文
藝臺灣》、《臺灣日日新報》……等刊物繪製版畫插圖，
極具本土特色，作為日本殖民統治時，反向地藉臺灣圖像
風格為臺灣宣傳地緣人情，簡潔有力，樸實生動，也是作
為其個人土地認同及在地形象發聲的有力展現，雖然是日
本人，但表現是對臺灣的文化認同，與母國的強勢殖民觀
點顯然不同，這是非常明顯藉由插圖強化文本意識認同的
風格例子。

　　另一個極具歷史代表性的文學鉅作，乃魯迅
（1881～1936）一九二一年刊登於北京《晨報副刊》的

《阿Q正傳》，以寫實白話文語法指出民初中國人無知卑怯的民族劣根性，極具批判醒世作用，是魯迅影響中國社會和文壇的重要代表作品。《阿Q正傳》有數種插畫版本，較代表性的是豐子愷（1898～1975）在一九二〇年代為魯迅諸多著作所繪的插圖，另一則是抗戰期間一九四四年丁聰（1916～2009）所繪的木刻版畫。前者豐子愷擅長以文人畫簡筆風格描繪舊中國社會的種種生活樣貌，簡筆意重，自由隨興，以表達人情事故，深受五四運動期間中國文人所喜愛。豐子愷以文人畫作為新文學運動的插圖表達，讓當時大眾容易對魯迅小説理解與把握。而後者丁聰承襲魯迅所推廣的革命表現主義風格作為木刻漫畫的運用，較具動感及視覺張力，滑頭詭譎的阿Q形象與豐子愷的平易散漫明顯不同，在國共鬥爭期間作為左派文學的發表利器，對民眾閱讀宣傳十分有效。兩種不同的插畫風格，對原作者作品的不同時勢背景，產生不同的情境感受，進而誘發出不同時期的文學動員力量。

圖5-3 立石鐵臣插圖

圖5-4 立石鐵臣插圖

圖5-5 《阿Q正傳》豐子愷插圖

圖5-6 《阿Q正傳》丁聰插圖1944

## （四）圖像美感的閱讀感受與教育推廣之運用

　　圖像的繪畫風格具有畫家本身的詮釋自主性，也就是插畫家選擇的畫風，作為插畫時畫家的表現手法也將延伸為閱讀的情境特徵。溫文的筆風予人祥和的親切感，而表現性的插圖帶來戲劇性的張力效果；灰暗的色彩給人憂鬱的感覺，明亮的色調又給人開朗的情境。不同畫家的詮釋手法也將引導文本成為某種視覺心理的直覺觀點。若透過教學推廣、宣傳鼓勵或參與活動，均倍增文本所欲表達的社會認同與價值觀的建立，是一種積極的圖像運用效果。近年來的環保議題喧騰，環保文學與土地文學相對受到矚目，田園詩人吳晟近年來屢屢參加環境保護抗爭活動，以詩文呼籲土地正義與環保理念，鏗然有力，是最佳的文學介入社會議題的範例。

　　工業與都市變遷的西方國家早就對環境提出觀察與看法，一九七三年德國出版了膾炙人口的繪本《挖土機年年作響：鄉村變了》，這是由瑞士畫家約克米勒（Jorg Muller）所繪的無字書，由七張單圖繪本折頁組成，以相同視角呈現鄉村老房子歷經的時代改變，面臨拆遷及公路穿越的開發演變，記錄了四季變化、環境破壞、生活變遷等種種現象，引領觀者目睹一座木屋在二十年中歷經鄉村變成現代都市的角色變化，值得家長帶領孩童共同閱讀，了解童年對外在事物觀察的和判斷，透過視覺完全的客觀手法，其中沒有一字一文，僅描繪老屋子及地景變化，最後成為現代工廠馬路，進而體察環境和自然生活的重要性，這也是約克米勒所擅長隱喻和批判的對照方式，其樸實風格令人感受其地景與社會的細微情感與歷史情愫。

　　近年來臺灣文學及本土議題相對受到重視，以臺灣文學延伸出的的知性活動逐漸受到民眾喜愛，以彰化文學

為例，一九九〇年代以康原所倡建的「彰化八卦山文學步道」，由舊八卦山神社步道改建為閱讀彰化文學歷史的空間行徑，可以了解各時期的文學家和歷史發展，晚近康原更與彰化藝術家合作，以陳來興的鄉土繪畫及施並錫的地景寫生共同創作，大師圖文相映，共同留下珍貴文學印記。近年來由賴和文教基金會所策動的「賴和彰化作品之旅」、「賴和帶我去散步」文學地景旅行活動，十分受到年輕學子歡迎，報名人數眾多，成為培養在地人才的文化搖籃。透過由陳世強所編繪的《賴和文學地圖》，樸素美觀，按圖索驥，可逐一了解當年賴和寫作與生活地景之關聯。另外蔡滄龍指導的《咦！阿夷莊》繪本，由蔡蕙琪撰文、蔡滄龍帶領社區兒童依文案劇情刻繪版畫，社區自行發行繪本，了解自己家鄉故事，十分具有教育意義，亦是難得的鄉土教材。

圖5-7 作家康原在彰化文學步道解說文學地景之情形。

圖5-8 彰化作家康原與畫家陳來興及施並錫合作以文學結合繪畫創作共同發表。

圖5-9 蔡滄龍所指導的《咦！阿夷莊》繪本及學童創作情形（蔡滄龍提供）。

圖5-10 陳世強所編繪的《賴和文學地圖》

# 六、 結語——
## 跨世代的圖像閱讀方式

　　唐韓愈曾強調「文以載道」，從以上論述可了解「圖亦可載道」；透過畫面呈現，豈不「一看就懂」，這也就是東晉顧愷之為何將教化女性三從四德等等金科玉律乾脆畫成連環圖畫，比較容易說服女性。殊不知那個文字工具不發達及圖像傳播不利的年代，「汗牛充棟」的文字紀錄似乎尚難克服圖像表達的技術障礙。現在圖像技術方便，紙本印刷及數位傳輸功能強大，強調文本創作的文學作品，若透過插圖或繪本方式進行導覽，圖文並茂，一定更吸引不同世代族群，方便對作者用心費神的意識傳釋，達到寓教於樂的閱覽效果。

　　本書同時收錄〈彰化文學作家〉繪本十二輯以供欣賞，此繪本輯由彰化師範大學美術系陳世強教授指導，指導學生施佳伶繪圖，分為〈賴和〉、〈陳虛谷〉、〈林亨泰〉、〈錦連〉、〈姚嘉文〉、〈吳晟〉、〈蕭蕭〉、〈康原〉、〈洪醒夫〉、〈宋澤萊〉、〈李昂〉、〈王定國〉等作家的專輯繪本，節錄其較代表性的詩文，配以精美插圖，作為兒童讀物之推廣之用。該繪本集於二〇一四年五月畢業展時發表，耗費一年時間企劃及繪圖，對於純藝術創作為主的美術系並未受到重視。後來經過彰化詩人康原老師及退休教授林明德副校長的策畫之下，再次有機會於「彰化學叢書」中正式出版發行，作為未來彰化文學作品結合美術應用的可行合作管道。本文之完成特別感謝

前臺灣文獻館館長劉峯松先生、彰化前文化局長陳慶芳先生及賴和文教基金會提供珍貴史料及歷史原件，讓圖像在時光洪流中得以原貌再現；也感謝林明德教授和康原老師協助文字內容校訂。更期盼藉由年輕畫家的描繪參與，關注並增進彰化文學在世代閱讀上的文化認同與視覺傳播之教育意義。個人特為文評論，期盼有更多精采優質的文學繪本出現，讓更多讀者接觸並欣賞在地思想、在地發聲的文學作品。

圖6-1 施佳伶所電腦繪圖《賴和》繪圖流程─從線稿、明暗、上色各階段皆由電腦繪圖一氣呵成。

**參考書目**

尋找彰化平原 康原著，常民文化出版

臺灣文學百年顯影 施懿琳，中島利郎等六人合著，玉山出
版社

美麗之島 臺灣古地圖與生活風貌展 國立歷史博物館

卦山行旅 康原著，彰化市公所出版

日治時代臺灣美術運動史 謝里法著，藝術家出版社


**圖像來源**

賴和文教基金會

半線文教基金會

陳慶芳文物典藏室

康原

賴和　　陳虛谷　　林亨泰　　錦連　　姚嘉文　　吳晟

蕭蕭　　康原　　洪醒夫　　宋澤萊　　李昂　　王定國

輯　三

## 彰化文學作家
## 繪本輯

# 賴和

**1894.5.28～1943.1.31**

賴和，本名賴癸河，一名賴河，筆名有懶雲、甫三、安都生、灰、走街先、浪、孔乙己等，彰化市人。幼年習漢文，舊文學根柢深厚，十六歲考進總督府醫學校，一九一七年六月在彰化建立「賴和醫院」，開始懸壺濟世的生涯。

一九一八年二月前往廈門，供職於鼓浪嶼租界的博愛醫院；一九一九年七月從博愛醫院退職歸臺；在廈門期間已感受到中國五四新文學運動對於文化、社會的影響力；一九二一年十月加入臺灣文化協會，被選為理事；一九二三年十二月因「治警事件」第一次入獄；一九二五年十二月發表第一首新詩〈覺悟下的犧牲——寄二林的同志〉，一九二六年發表小說〈鬥鬧熱〉、〈一桿「稱仔」〉等，自此積極投入臺灣新文學的創作。一九四一年十二月八月，珍珠港事變當天，再度被拘入獄，約五十日，在獄中以草紙撰述〈獄中日記〉，反映了殖民地被統治者無可奈何的沉重心情，後因病重出獄。一九四三年一月三十一日逝世，行年五十，後世咸尊其為「臺灣新文學之父」。

# 覺悟下的犧牲

## ──寄二林的同志

弱者的哀求，
所得到的賞賜，
只是橫逆、摧殘、壓迫，
弱者的勞力，
所得到的報酬，
就是嘲笑、謫罵、詰責。

使我們汗有得流，
使我們血有處滴，
這就是說——
強者們，
慈善同情的發露，
憐憫惠賜的恩澤！

唉！這覺悟的犧牲
多麼難能，多麼光榮！
我聽到了這回消息，
忽充滿了滿腹的憤怒不平，
無奈慘痛橫逆的環境，
可不許盡情地痛哭一聲，
只背著那眼睜睜的人們，
把我無男性眼淚偷滴！

# 前　進

　　他不自禁地踴躍地走向前去，忘記他的伴侶，走過了一段
里程，想因為腳有些疲軟，也因為地面的崎嶇，忽然地顛
蹶，險些兒跌倒。此刻，他纔感覺到自己是在孤獨地前進，
失了以前互相扶倚的伴侶，忍惺回顧，看見映在地上自己的
影，以為是他的同伴跟在後頭，他就發出歡喜的呼喊，趕
快！光明已在前頭，跟來！趕快！

這幾聲呼喊，揭破死一般的重幕，音響的餘波，放射到地平線以外，掀動了靜止暗黑的氣氛，風雨又調和著節奏，奏起悲壯的進行曲。他的伴侶，猶在戀著夢之國的快樂，讓他獨自一個，行向不知終極的道上。暗黑的氣氛，被風的歌唱所鼓勵，又復濃濃密密屯集起來，眩眼一縷的光明，漸被遮蔽，空間又再恢復到前一樣的暗黑，而且有漸次濃厚的預示。

　　失了伴侶的他，孤獨地在黑暗中繼續著前進。

　　前進！向著那不知到著處的道上⋯⋯

所有的戰士已都死去，　人們所最珍重莫如生命，
只殘存些婦女小兒，　未嘗有人敢自看輕，
這天大奇變！　這一舉會使種族滅亡，
誰敢說是起於一時。　在他們當然早就看明，
　但終於覺悟地走向滅亡，
　這原因就不容妄測。

# 南國哀歌

雖說他們野蠻無知？
看見鮮紅紅的血，
便忘卻一切歡躍狂喜，
但是這一番啊！
明明和往日出草有異。

兄弟們！來！
來！捨此一身和他一拚！
我們處在這樣的環境，
只是偷生有什麼路用，
眼前的幸福雖享不到，
也須為著子孫鬥爭。

# 低氣壓的山頂

雲似受到了命令，
一層一層地向中空屯積，
雲隙中幾縷光明，
只剩些淡淡陰影；
日頭已失盡威光，
天容變到可怕地濃黑。

風亦具有服從的美德，
只聽到自然一叱，
就突破了樹林的屏障，
飛越過山峰的阻隔，
踢翻礙腳的甘蔗稻仔，
拔倒高樓掀去屋脊。
噓噓地開始著迴旋，
唬唬地激動了一切，
這麼大的世間，
已無一塊安靜之地。

在這激動了的大空之下，
在這狂飆的迴旋之中，
只有那人們樹立的碑石，
兀自崔嵬不動，
對著這暗黑的周圍，
放射出矜誇的金的亮光，
那座是六百九十三人之墓，
這座是銘刻著美德豐功。

人類的積惡已重，
自早就該滅亡，
這冷酷的世界，
留牠還有何用？
這毀滅一切的狂飆，
是何等偉大淒壯！
我獨立在狂飆之中，
張開喉嚨竭盡力量，
大著呼聲為這毀滅頌揚，
並且為那未來的不可知的
人類世界祝福。

# 一桿稱仔

　　這一天近午，一下級巡警，巡視到他擔前，目光注視到他擔上的生菜，他就殷勤地問：

　　「大人，要什麼不要？」

　　「汝的貨色比較新鮮。」巡警說。

　　得參接著又說：

　　「是，城市的人，總比鄉下人享用，不是上等東西，是不合脾胃。」

　　「花菜賣多少錢？」巡警問。

　　「大人要的，不用問價，肯要我的東西，就算運氣好。」參說。他就擇幾莖好的，用稻草貫著，恭敬地獻給他。

　　「不，稱稱看！」巡警幾番推辭著說。誠實的參，亦就掛上「稱仔」稱一稱說：

　　「大人，真客氣啦！纔一斤十四兩。」

　　「不錯罷？」巡警說。

　　「不錯，本來兩斤足，因是大人要的……」參說。這句話是平常買賣的口吻，不是贈送的表示。

　　「稱仔不好罷，兩斤就兩斤，何須打扣？」巡警變色地說。

　　「不，還新新呢！」參泰然點頭回答。

　　「拿過來！」巡警赫怒了。

　　「稱花還很明瞭。」參從容地捧過去說。巡警接在手裡，約略考察一下說：

　　「不堪用了，拿到警署去！」

　　「什麼緣故？修理不可嗎？」參說。

　　「不去嗎？」巡警怒叱著。「不去？畜生！」撲的一聲，巡警把「稱仔」打斷擲棄，隨抽出胸前的小帳子，把參的名姓、住處，記下。氣憤憤地，回警署去。

# 陳虛谷

1896.5.10～1965.9.25

陳虛谷，本名陳滿盈，筆名一村、依菊、醉芬，彰化縣和美鎮人。畢業於日本明治大學。

陳虛谷為抗議日本殖民者排斥和歧視中國文化，曾任夏季學講師，講授「孝」、「結婚問題」等中國傳統文化科目，傳統漢詩是陳虛谷主要的文學成就。二十年代初，積極參加臺灣文藝協會活動，演講「專制與立憲的區別」等論題，並為《臺灣民報》多次寫稿。一九三二年後，任《臺灣新民報》學藝部部員，是臺灣新文學運動初期重要作家。一九六五年病逝，詩文由哲嗣陳逸雄編輯為《陳虛谷作品集》。

# 澗水和大石

澗水滾滾地奔流，
它一路上喧號著，衝決著，
苦要向世間去。
大石纍纍地擋住去路，
亂峰迴環地圍繞著它，
它拚命奔流飛越，
激成了一片浩大喧囂的聲勢。

朋友！你休下山去吧！這裡是絕好給你清淨的地方。
這裡是人跡稀到，有青山作伴，白雲相隨，
又有這們這群頑樸的兄弟，和你合奏著交響樂，
把這幽絕淒絕的自然發揮到美麗的極致。

你一去了，我們定要獨守孤寂，
白雲青山也會減少風情，
朋友！請你不要撇下我們而去。

# 落葉

從和煦春風裡生長的我們，是多麼纖弱美麗！
一經秋來，可憐都憔悴了。

微風吹過，紛紛落下，
一點聲兒也沒有，誰憐我任人蹧踏！

西風呀！是你的驕橫？是我們的孱弱？
為什麼年年這時候，把我們這般摧落？
你除起了摧殘我們，還有什麼能幹呢？
我不信！世界沒有你，難道就不成個世界嗎？

你且莫逞你肅殺的威吧！
果真運命是可以信的，你也有個盛去衰來的一日，
任你怎樣摧折我們，年年總有我們繁榮的日子呢！

# 賣花

滿籃鮮豔如錦的花，被人家在十字街頭賣著，
牠絲毫不感到悲哀，
一朵朵還露出很妖冶動人的微笑。

微風吹散了清香，牠越顯嬌媚，引起我無限愛戀的心情，
像葡萄美酒陶醉我在春風裡，
我的心為伊溶化，我的肉為伊顫動，
但我終是不敢買牠呀！

像牠那溫柔的姿質，雅淡的情性，
只合付與聰明人兒吟詠，多情人兒管領，
偏不幸生在這俗惡的家庭，把牠當做賣品，累牠到處飄零。

賣花人呀！或許你是為著飢寒，但你的心終太兇殘，
你休想賺得金錢到手，他事都可不管，
你要憐念牠是弱質呀！

買花人呀！你不要恃你多金，
你須知沾汙牠的清白，會傷牠的心，
牠的生命是為自己存在，牠的花是為自己開，
或許牠是願為愛人獻媚，願為愛人傾心，
但牠終不甘有強暴的相侵。

牠是自然的精英，美的結晶，人類的聖藥呀！
牠固然是可愛，我不願有人把牠來賣，更不願人家去買，
我只願人們熱熱地，永遠地，全生命地，
供獻他們的愛，
使牠得充分表現牠的美，
使我們人類得無限的生意，
這才算不辜負了造物者的真意，
宇宙存在的意義。

拭拭拭！
拭起我們的眼淚，
敵人來了！
不要使他們看見，
他們會曲解我們是垂頭喪氣。
我們便是死屍遍野，
也不願在敵人的跟前表示失意，
表示失意，是我們比死以上的羞恥，
開拓運命，盡在我們自己，
用不著敵人來假慈悲。
拭拭拭！拭乾我們的眼淚。

止止止！
止住我們的哭聲，
敵人來了！
不要使他們聽見，
它們會愈加冷酷驕橫。
我們便是種族滅亡，
也不願在敵人的跟前表示苦情，
表示苦情，是我們比死以上的可憎，
擺脫苦難，全靠我們自己的本領，
用不著敵人假惺惺。
止止止！
止住我們的哭聲。

# 敵人

# 放 炮

小孩吃完了兩個芎蕉（香蕉），
毫不遲疑地接過龍眼就一顆顆的
剝起殼來，他真是刁頑不過的，
尤其是在這弱小民族的跟前，
他特別發揮其無拘束天真爛漫的
大和魂（日本魂）的本能來。他
把龍眼子（核）一粒一粒向空中
亂擲，滾落到神明公媽的桌頂
（上），跳入筵席的碟仔內，碰
到保正的頭殼，在他以為是極其
有趣的玩意，在大人和　さん，
也以為是無知小孩尋常的遊戲，
土人的跟前原不要甚麼拘束。老
牛勿論是笑容可掬的，保正卻是
敢怒而不敢言。

# 林亨泰

/ 1924.12.11〜

林亨泰,筆名亨人、恆太,彰化縣北斗鎮人。畢業於
國立臺灣師範大學教育系,曾為臺灣詩壇「現代派」
成員之一。

林亨泰早在日治時期即有作品,昭和十七年(1942
年)即開始了日文詩集《靈魂の産聲》寫作。戰後加
入了「銀鈴會」,一九六四年參與籌組「笠詩社」,
並成為笠詩社首任主編,致力於「時代性」與「本土
性」,成為「跨越語言的一代」詩人、詩評論家。論
者以「始於批判,走過現代,定位鄉土」劃分其文學
歷程。曾獲二〇〇四年第八屆國家文藝獎、磺溪文學
特別貢獻獎。

# 群眾

青苔　看透一切地
坐在石頭上　久矣
從雨滴
吸吮營養之後　久矣

在陽光不到的陰影裡
綠色的圖案從暗祕的生活中　偷偷製造著
成千上萬無窮無盡

把護城河著色
把城門包圍把牆壁攀登
把兵營甍瓦覆沒
青苔　終於燃燒了起來

# 賴皮狗

樓梯的邏輯
只有
要上，就上去
要下，就下來

邏輯的樓梯
只能
不上，就該下
不下，就該上

可是這隻獸
只想一直在那裡
不上，也不下

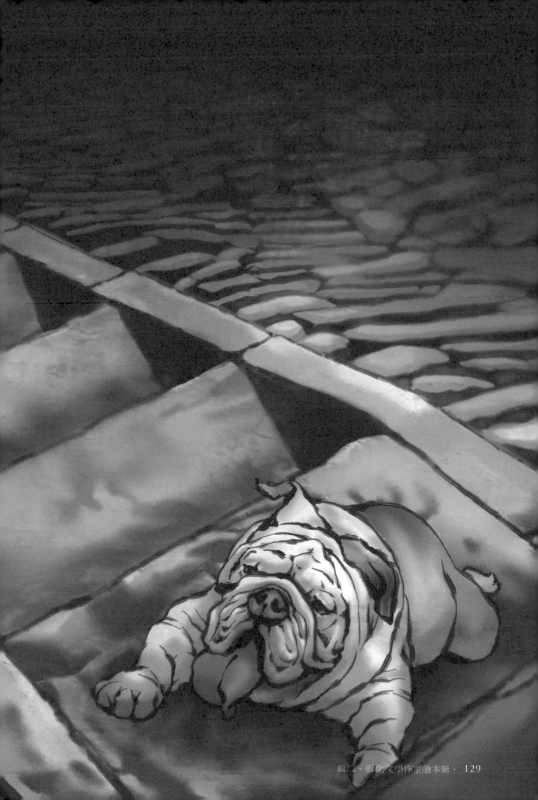

# 風景之二

防風林　的
外邊　還有
防風林　的
外邊　還有
防風林　的
外邊　還有

然而海　以及波的羅列
然而海　以及波的羅列

# 進香團

澤字海宇　　國泰民安　　聖恩篤祐

旗一
▼ 黃
▼ 紅
▼ 青
善男1　拿著三角形
善男2　拿著四角形
香束
燭臺

~~~~■
~~~~■
信女1　拿著三角形
信女2　拿著四角形

# 日入而息

與工作等長的
太陽的時間
收拾在牛車上

杓柄與杓柄
在水肥桶裡
交叉著手
咯登　嘩啦嘩啦
嘩啦　咯登咯登
穿過　黃昏
回來
了

# 錦連 / 1928.12.6～2013.1.6

錦連，原名陳金連，祖籍台北三峽，彰化縣人。鐵道講習所中等科暨電信科畢業，任職於臺灣鐵路局電報室近三十八年後退休。

日治末期即以日文寫詩，屬於跨越語言的一代。一九四八年以〈在北風下〉日文詩作刊登於《潮流》上，成為「銀鈴會」最年輕的成員。一九六四年《笠》詩刊創立，為發起人之一。從事日本語教學經驗二十餘年，戰後克服語言障礙後，以中文寫詩，並翻譯日文詩及詩論。曾獲「榮後臺灣詩獎」、「臺灣文學家牛津獎」、「高雄文藝獎」。著作有國立臺灣文學館出版《錦連全集》（共十三冊）。

# 壁　虎

守著夜的寧靜
不轉眼珠的小壁虎
以透明的胃臟
靜聽著壁上的大掛鐘

連空氣都欲睡的夜半
我亦孤獨地清醒著
守著人生的寂寥……

# 軌 道

被毒打而腫起來的
有兩條鐵鞭的痕的背上
蜈蚣在匍匐 匍匐……
臉上都是皺紋的大地癢極了

蜈蚣在匍匐
匍匐在充滿創傷的地球的背上
匍匐在歷史將要湮沒的一天

# 鐵橋下

彼此在私語著
多次挫折之後他們一直蹲著從未站起來
習慣於灰心和寂寞　他們
對於青苔的歷史祇是悄悄地竊語著

忍受著任何藐視　誘惑和厄運
在鐵橋下　他們
對轟然怒吼著飛過的文明
以極度的矜持加以卑視

抗拒著強勁的音壓
在一夜之間　突然
匯集在一起
手牽手
哄笑　然後大踏步地勇往直前
夢想著或許有這麼一天而燃起希望之星火
河床的小石頭們　他們
祇是那麼靜靜地吶喊著

# 沒有麻雀的風景

鐵軌緊緊地綁住地球
高壓線爬滿了通至未來的路程
機車頭的集電弓發出裂帛的火花
唧命朝向未可知的方位奔馳的這頭怪獸
它們在監視 它們在威壓 它們在叱
整個風景似乎感知不吉祥的預感而哆嗦著

失落的樂園
已不再有麻雀回來了
少數偶而在熟識的電線上歇腳的也不敢久留
曾經成群的 一隻挨一隻鬧著玩的麻雀們
牠們也隱隱地感到
被綑綁得透不過氣的地殼
從深處的內部隨時要裂開
要送出一股悲憤的岩漿

麻雀們還記得
有個風雨淋漓之夜
電線曾經拼命掙扎而悲戚地嘶鳴不已
但經過一陣虐待和蹂躪之後
鐵軌竟然沒有斷落 地球沒有被鬆綁

如今每一根電線桿仍如一根根十字架
在被血紅的夕陽燒成一幅絕望的景象裡
在孕育著一縷期盼的一片平原裡
張開著雙臂
準備以殉道者的姿態接受拷刑

# 夜車

沒有目的地的
流浪的
孤單的旅程呀

窗外是
蟲聲不絕的
繁星夜空

眾多
逝去的人們
那是 他們的魂魄？

氣溫漸降的
夜車裡
那怪寧靜的氣氛呀

我似乎聽到
從某個地方
傳來了飄泊的歌聲……

# 姚嘉文／1938.6.15～

姚嘉文，彰化縣和美鎮人，現居彰化市。國立臺灣大學法律系碩士、美國加州柏克萊大學研究、韓國韓京大學名譽法學博士。曾任民主進步黨黨主席、立法委員、考試院院長等職。

一九七九年高雄美麗島事件後入獄，於獄中完成臺灣歷史小說《臺灣七色記》（包括：白版戶、黑水溝、紅豆劫、黃虎印、藍海夢、青山路、紫帽寺）。又於二〇〇六年出版《霧社人止關》，綰合清朝「林爽文事件」、日本時代「人止關之役」（1902）、「霧社事件」（1930）及二二八事件後二七部隊在埔里抵抗國民政府軍的「烏牛欄橋之役」，展現臺灣史上人民反抗暴政的事蹟。曾獲二〇〇九年吳三連文學獎。

# 黑水溝

郭舵公再用千里鏡看看前面。

船頭前面的水是青的，但遠處海洋逐漸轉入黑色，炎熱日光照去，那邊流水像鍋內的滾水一般翻動起伏，有些地方還有漩渦迴轉。今日風勢很小，算來溝水還算平靜。

胡舵工說：

「能這麼平靜過溝，還很少見呢！」

郭舵公說對，便放下千里鏡，接過舵柄，開始掌船。

他彎頭看了一下羅盤對胡舵工說：

「你太偏北了，溝水是往北流的，現在吃的是南風，要儘量壓西，才能繞過東吉嶼……你去叫大家出來，要過溝了，要照管風帆繚繩……今晚誰該掌舵？」

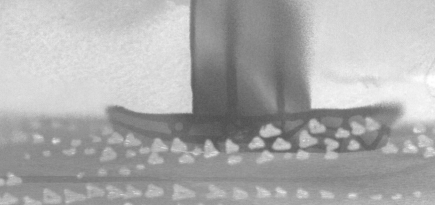

「趙舵工。」

「叫他來讀羅盤針字。」

「是。」

大家出來，各就各位，郭舵公聚精會神的掌著舵柄。趙舵工拿著千里鏡左右前後看看，小心對著羅盤針路，一會兒回頭來對郭舵公說：

「前面右邊就是東吉嶼了，快要起湧了。」

郭舵公把船頭稍稍移向西北，吃著南風，快速的衝入浪溝。

「順風鳥」有些搖晃，船頭忽高忽低，船身被溝水拖來拉去，有時歪頭，有時搖尾，海浪拍到船身，濺到了船板，船身搖動又使布帆劈劈拍拍的響著。

郭舵公默默的把著船柄，大家都不說話，只有胡舵工偶而提醒他變換方向，閃避浪頭。

# 黃虎印

如果山崩了，山土被沖走了，那顆黃虎寶印
自然就會出現了！要沖走這山坡的山土，恐
怕要下很大的西北雨吧！其實又何必擔心這
個呢？大陣的西北雨不是常常有的，要等應
該崩山時，才會落那種大陣的雨啊！

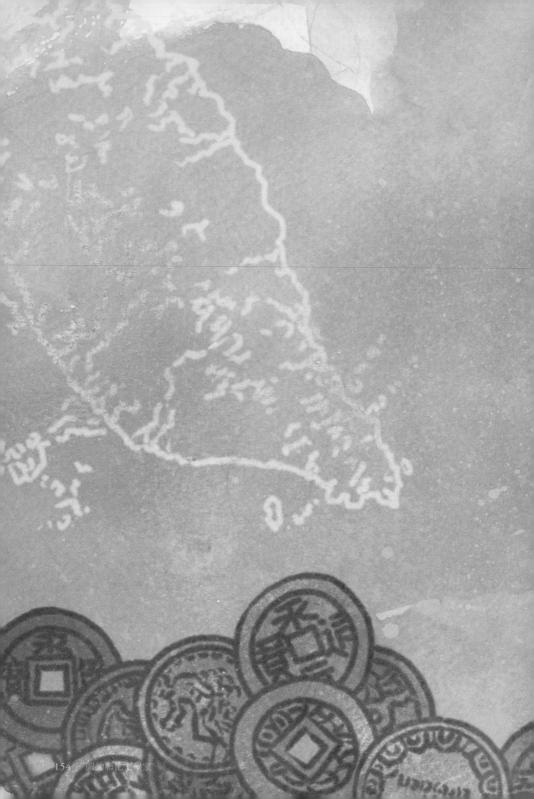

# 洪豆劫

洪豆問：

「聽說臺灣的官和兵比福建內地的還要腐敗。」

「對呀！以前清朝初期占臺灣時，做官的都不願
來臺灣。聽到說分發臺灣做官，就像要赴死一
樣，和家人啼啼哭哭訣別，怕坐船遇風颱，來了
又怕賊黨造反。現在不同了，現在知道這裡的土
地肥美，人民勤勞，物產豐富，『臺灣錢淹腳
目』，地方又偏僻，皇帝管不到，就喜歡來做
官。來了後，地方公事，倒不關心，就只管找
錢。『三年官，二年滿』，大官小官，都賺得滿
滿的才回去。」

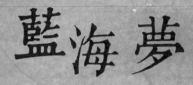

# 藍海夢

自己因身分依靠別人，沒得到永久的幸福，其實她不管身分，純依真愛，仍然要依靠別人，同樣沒有永久的幸福。

是不是身分是束縛，而愛是痛苦，情是受罪呢？

既然是這樣，此生此事不但不看重身分，也不再看重愛情了。不依靠別人給她帶來幸福，也就不必依靠別人給她安排命運。

# 紫帽寺

監獄是個可怕的地方，有人固然可在獄中磨練成仙，但被折磨報廢的，卻是多數。監獄的生活究非正常人的生活。平常之人經過一段時間與社會隔絕之後，心理生理都會產生變化。

# 吳晟 /1944.9.8~

吳晟，本名吳勝雄，彰化縣溪州鎮人，一九七一年屏東農專畢業。曾任彰化縣溪州國中教師，一九八〇年曾應邀赴美國愛荷華大學「國際作家工作坊」訪問。二〇〇〇年退休後，在多所大學兼任學校講師，教授文學課程，現專事耕讀。

吳晟創作文學以詩與散文為主。文學創作甚早，十六歲以初二學生之齡開始寫詩至今。四十歲以前詩文兼寫，但以詩歌為主，四十歲以後，以散文為主。吳晟對鄉土的認同，是以精神關懷和身體力行，雙重投入，筆觸堅實而富於感情，以大自然和現實社會為文學的依歸。淺白俚俗的詩語言，直接描寫鄉土的人事物，傳達濃厚的鄉土情懷，真摯動人。

曾獲優秀青年詩人獎（1970）、第二屆中國現代詩獎（1975）、磺溪文學獎特別貢獻獎（2002）、吳三連文學獎（2007）。著作有《飄搖裡》、《泥土》、《吾鄉印象》、《向孩子、說》，散文集《農婦》、《店仔頭》、《無悔》、《不如相忘》。

# 吾鄉印象

自吾鄉左側綿延而近的山影
就是一大幅
陰悒的潑墨畫
緊緊貼在吾鄉人們的臉上

世世代代的祖先，就在這片
長不出榮華富貴
長不出奇蹟的土地上
揮灑鹹鹹的汗水
繁衍認命的子孫

# 泥土

日日，從日出到日落
和泥土親密為伴的母親，這樣講－
水溝仔是我的洗澡間
香蕉園是我的便所
竹蔭下，是我午睡的眠床

沒有週末，沒有假日的母親
用一生的汗水，辛辛勤勤
灌溉泥土中的夢
在我家這片田地上
一季一季，種植了又種植

日日，從日出到日落
不了解疲倦的母親，這樣講－
清爽的風，是最好的電扇
稻田，是最好看的風景
水聲和鳥聲，是最好聽的歌

不在意遠方城市的文明
怎樣嘲笑，母親
在我家這片田地上
用一生的汗水，灌溉

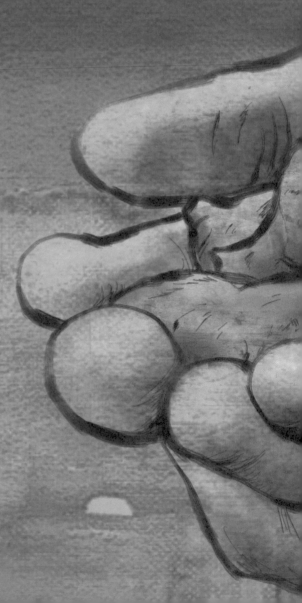

就如阿公從阿祖
默默接下堅硬的鋤頭
鋤呀鋤！千鋤萬鋤
鋤上這一張蕃薯地圖
深厚的泥土中

阿爸從阿公石造的肩膀
就如阿公從阿祖
默默接下堅韌的扁擔
挑呀挑！千挑萬挑
挑上這一張蕃薯地圖
所有的悲苦和榮耀

阿爸從阿公木訥的口中
就如阿公從阿祖
默默傳下來安份的告誡
說呀說！千說萬說
記錄了這一張蕃薯地圖
多難的歷史

雖然有些 不願提起
甚至急於切斷
和這張地圖的血緣關係
孩子呀！你們莫忘記
阿爸從阿公笨重的腳印
就如阿公從阿祖
一步一步踏過來的

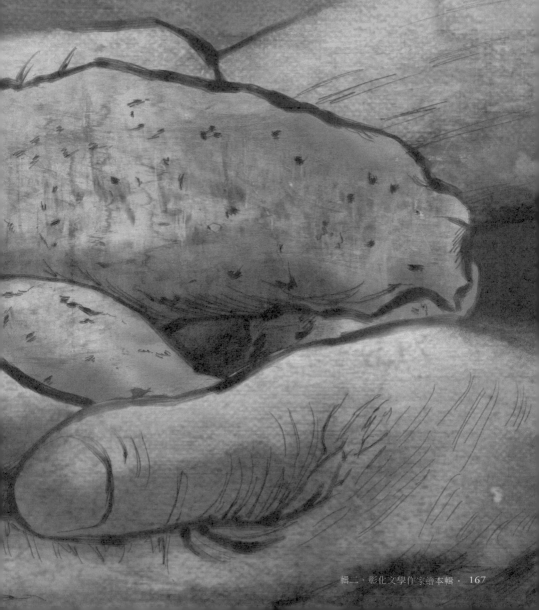

# 蕃薯 地圖

# 負荷

下班之後，便是黃昏了。
偶爾也望一望絢麗的晚霞，
卻不再逗留。
因為你們仰向阿爸的小臉，
透露更多的期待。

加班之後，便是深夜了。
偶爾也望一望燦爛的星空，
卻不再沉迷。
因為你們熟睡的小臉，
比星空更迷人。

阿爸每日每日地上下班，
有如自你們手中使勁拋出的陀螺，
繞著你們轉呀轉；
將阿爸激越的豪情，
逐一轉為綿長而細密的柔情。

就像阿公和阿媽，
為阿爸織就了一生
綿長而細密的呵護。
孩子呀！阿爸也沒有任何怨言。
只因這是生命中
最沉重
也是最甜蜜的負荷

# 臉

不懂得發脾氣的臉
不懂得掩飾甚麼的臉
是怎樣的一種容顏
時常沾著泥土和汗滴的臉
未經面霜、脂粉污染過的臉
是怎樣的一種容顏

母親的臉
是圓圓滿滿的滿月
無論汗水如何侵蝕
無論炎陽或寒風，如何欺凌
仍然豐潤，依然明朗

嚼碎四十餘年辛酸的艱苦
嚼成哺育我們的營養
母親的牙齒，一顆一顆的脫落了
母親的臉，終於消瘦了

終於消瘦了的
圓圓滿滿的滿月，不陰、不缺
在任何的夜裡
撫照著我們的仰望

# 蕭蕭 /1947.7.27～

蕭蕭，本名蕭水順，彰化縣社頭鄉人。畢業於輔仁大
學中文系、國立臺灣師範大學國文研究所。曾於多所
學校任教職，現任明道大學中文系教授兼文學院院
長、《臺灣詩學季刊》主編。

蕭蕭的創作文類以詩和散文為主。詩作以簡潔凝鍊的
意象取勝，主張將現實生活提昇到詩境界，讓心靈獲
得更大的滿足。散文創作以抒情調子表現人生的多
元性，早期紀錄了少年情懷的真摯與激情；之後以
「人」為中心點探討人與土地的關係，記錄上一代的
農村生活，也寫出人世間的關懷與領悟。除詩和散文
外，蕭蕭多年來致力於詩運的推廣、詩史的建構與現
代詩的實務教學，並且對現詩評論、賞析與創作投入
許多心力。

曾獲《創世紀》創刊二十週年詩評論獎（1974）、
青年文學獎（1983）、金鼎獎（1985）、中興
文藝獎章（1986）、中華民國新詩協會詩運獎
（1988）、五四獎（2001）、礦溪文學獎特別貢獻
獎（2007）。其著作、主編或論述的詩論、詩作、詩
選等作品，高達一百多部，對臺灣現代詩壇，貢獻良
多。

# 緣 無緣

一隻螞蟻一直
輕輕叩著糖罐：


喂，喂
不讓我進去
你是醒不了的夢啊！


喂，喂
不讓我進去
你是醒不了的夢啊！


那樣的回聲一直
輕輕叩著糖罐

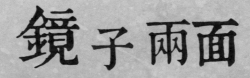

# 鏡子兩面

鏡子（Ａ）


發現對面是一片空　白
無物可照
那晚，鏡子開始懷疑
我，曾經存在嗎？

那些曾經在我心上喜心上怒的
如今又在哪一面鏡子的外面哀樂？

鏡子（B）

照看外面空無一物

無晴，無雨
無男，無女
無聲，無色
無情，無義

鏡子坦開胸腹手腳，睡了一個大覺

# 孤鶩

是
漸
漸
淒
清
的
我

路之最遠的那點，雲天無言無語落下
門關著。

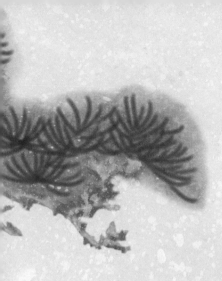

# 風入松

風來四兩多
松葉隨風款擺、吟誦
風去三四秒
五六秒
松，還在詩韻中
動

# 茶葉的 心事

縐成一團，不一定是我的本意
回復三月東風陣陣的翠綠
或者秋末寒雨
又，何嘗是 …

從火裡來，再到水中去
也不過熬來一身苦澀
沖出一身苦澀
苦澀，無論如何也說不完
山中晦暗的心情
一切都淡了
我還是沉下去又浮上來
浮上來找尋自己的臉
在淚水酸澀中
唯知出神　　凝視

凝視你，身在茶杯外的風暴裡
擔著什麼樣的淒楚
萎成什麼樣的釅茶
仍然憂心杯內的我，與苦與澀

# 康原 /1947.11.20～

出生於彰化縣芳苑鄉，現居在彰化市香山里。

曾任賴和紀念館館長，現任彰化師大臺文所「作家講座」、南華大學文學系「講座作家」，彰化師大「彰化學」叢書總策劃。曾獲二○○四年磺溪文學獎特別貢獻獎、二○○七年吳濁流文學獎新詩獎、行政院新聞局叢書「金鼎獎」。

重要著作有：《懷念老台灣》、《台灣囝仔歌的故事》、《八卦山下的詩人林亨泰》（玉山社出版）、《人間典範全興總裁》、《囝仔歌教唱讀本‧附CD》《台灣囝仔歌謠》、《追蹤彰化平原》、《逗陣來唱囝仔歌Ⅰ～Ⅳ》、《港都的心靈律動》、《番薯園的日頭光》、《噴霧器飛出的春天》、《施並錫的魅力刀與彩筆誌》（晨星出版）《文學的彰化》、《八卦山》、《二林的美國媽祖》（彰化文化局）等七十餘本書。

# 比劍

自細漢，愛看戲
講武功，欣羨少林寺
嘛愛學，鶴拳个軟技
當初時，想欲作英雄
竹枝木棍當做劍
閃閃閃，趕緊閃
無閃，性命危險

# 八卦山

彰化古早叫半線
東爿一粒八卦山
山頂樹木青綠綠
一仙大佛坐婷婷
每年飛過南路鷹
不幸一萬死九千

古早時，劉國軒入頭兵
清朝時，林爽文、施九緞、陳周全、戴萬生
夯火炮，上山頭來反清

日本人，歹心幸
押霸兼無情
磺溪和仔仙反目走做前

戰後，大佛前
有人賣番麥，鳥梨糖
削甘蔗兼賣芋仔冰

細漢時，阮尚愛
恬佛祖前下願
迢迢俗買冰

# 同　窗

同窗親像親兄弟
做陣藏水宓
有時嘛會相創治
枝仔冰 歸陣吸一支
人講：拍虎著親兄弟
相招偷掘甘薯
有時去偷釣魚
嘛有時鬥陣唸歌詩

# 阮爲
# 迌迌來出世

走斗籤，行包棋
鬮咯雞，走去宓
放風吹，真趣味
阮為迌迌來出世
有時陣，去爌窯
有時陣，掠沙豬
有時陣，布袋戲
嘛有時，跳童乩

# 夜鷺

夜鷺　就是暗光鳥
三更半暝　呱呱叫
兩蕊目睭　發紅光
漢寶園做眠床
渡船頭好梳妝
魚塭內掠魚尚好耍
尚驚漁民用網等

# 洪醒夫

**/ 1949.12.10～1982.7.31**

洪醒夫，本名洪媽從，筆名司徒門、馬叢、洛提，彰化縣二林鎮人。畢業於臺中師範專科學校（今臺中教育大學），曾擔任小學教師、雜誌編輯。

洪醒夫創作文類包含詩、散文、小說、報導文學及評論，以小說享譽臺灣文壇，是終戰後臺灣鄉土作家代表人物之一。作品中的人物以社會底層的小孩、農民、知識分子的卑微小人物為主，多元的人物呈現豐富的社會圖像。洪醒夫以知識分子悲憫且細膩的筆觸，呈現出臺灣六、七〇年代從傳統農業社會轉型至工商社會時的農村浮世繪，記錄著小人物在面臨時代潮流衝擊下的心靈圖像。

曾獲聯合報短篇小說獎（1977、1978）、中國時報文學獎（1978、1982）、吳濁流文學獎（1972、1973、1976）。二〇一六年其小說《散戲》被明華園改編為歌仔戲，演出極為轟動。

# 家

學校離家很遠
下雨後泥濘滿路
用力踩下去
泥土黏在未穿鞋的腳上
就像大地黏住我一樣

在青草般的童年裡
我與其他的朋友一起跋涉
雖然辛苦，但是快樂
因為，學校與家庭，以及
家裡的鴿子和牽牛花
時時伸出溫暖的招引的
手

如果有一天必須離開家鄉
我會一步三回頭，看鴿子在屋頂上
飛，看牽牛花爬上牆頭，看我那幾間不
很好看的房子
路便會突然
泥濘起來，就像大地
突然黏住我一樣

# 散 戲

金發伯站在稍遠的地方，木然地看著他們，他抽著菸，始終不發一語。天色漸自暗了，僅剩的那一點餘光照在他佝僂的身上，竟意外地顯出他的單薄來。秀潔從人與人之間的縫隙裡望去，看到紙菸上那一點火光在他臉上一閃一滅，一閃一滅，那蒼老憂鬱而頹喪的神情便一下子鮮明起來，不由得想起以前教戲給她時的威嚴自信的臉色，兩相對照之下，使她內心悸動不已，便噤聲了。

# 紙船印象

那時，我們住的是低矮簡陋的農舍，簷
下無排水溝，庭院未鋪柏油，一下雨，
便泥濘不堪。屋頂上的雨水滴落下來，
卻理直氣壯地在簷下匯成一道水流，水
流因雨勢而定，或急或緩，或大或小。
我們在水道上放紙船遊戲，花色斑雜
者，形態怪異者，氣派儼然者，甫經下
水即遭沉沒者，各色各樣的紙船或列隊
而出，或千里單騎，或比肩齊步，或互
相追逐，或者乾脆是曹操的戰艦－首尾
相連。形形色色，蔚為壯觀。我們所得
到的，是真正的快樂。

# 吾土

阿榮伯被打得最重，吐血兩次，沒有人敢還手，只是抱著頭在地上打滾。阿榮伯吐血以後，雙膝落地，跪在那裡，口口聲聲哀求著：「大人啊，大人……。」
人跪著，還不停的叩頭。對方直挺挺的站在那裡，雙手抱胸，嘿嘿嘿得意的笑著。他們的皮靴在陽光下閃閃發光。

那兩隻狗走了以後，阿榮伯掙扎著自己站起來，用手背恨恨地抹去嘴角的血漬，悲憤地罵：「伊娘咧，我們自己的土地，我們自己為什麼不能開墾！」

「你們千萬給我記住！今日的事，你們都看到了，你們不可以忘記！我，你們的阿爸，今日，伊娘咧，向四腳仔下跪！你們，大大小小給我記住，男子漢，一跪天地，二跪神明，三跪父母，其他的，打死了也沒有下跪的道理！你們的阿爸我，今天為了一家大小的生命為了我們的土地，向四腳仔下跪，你們不可忘記，什麼人忘記了，將來落了地獄以後，我還要找他算帳……。」

# 黑面慶仔

他急急忙忙的走著走著，腦海裡卻浮現
出另一個經常縈繞不去的景象來。

同樣是早晨，同樣亮麗的陽光，同樣一
大片無涯無際的青翠。阿麗穿一身豔紅
衣褲，忙亂驚恐若喪家之犬的奔竄於這
片青翠之中。不時驚恐地回頭張望，不
時發出尖銳悽怖的叫聲。而站在自家門
口的黑面慶仔，卻只能一動不動地看著
阿麗數度跌倒又數度站起，終於越去越
遠，景物越來越模糊，最後感覺一點寂
寞的紅，消失在一片模糊的青翠之中。

黑面慶仔久久無力移動腳步，也無力舉
手揮淚。

# 宋澤萊／1952.2.15～

宋澤萊，本名廖偉竣，雲林二崙人，現居彰化縣鹿港鎮。畢業於國立臺灣師範大學歷史系、國立中興大學臺灣文學研究所，曾任福興國中教師，現為國立成功大學臺灣文學系博士生。

其文學作品內容豐富，形式多變，跨越文類，勇以創新，具強烈的社會性與人文關懷。以其創作《打牛湳村》系列作品，震撼臺灣文壇。一九八〇年代宋澤萊開始參禪，以《禪與文學體驗》及《隨喜》介紹禪宗，以《被背叛的佛陀》批判大乘佛教。一九八五年出版《廢墟臺灣》呼籲臺灣人注環境保護，為反核的寓言小說。後來宋澤萊改信基督教，並書寫《雲上卷軸（上）》書寫基督教義與宗教體驗。

曾獲時報文學獎（1978）、聯合報小說獎（1979）、吳三連獎（1996）、吳濁流文學獎（1978、1979、1983、1984）、東元科技獎（2001）、年度詩獎（2001）、磺溪文學獎特別貢獻獎（2005）、國家文藝獎（2013）。

# 糴穀日記

在村子的尾端地方，十字路邊，有一家雜貨店，店前有棵高大盤錯的粿葉樹，這種樹在社區建設後便少在打牛湳存活了。村長早前規定，做了社區後就要來掃除髒亂，凡是舊時代的風物皆應革去。只見三兩下，村路上的木麻黃列，屋後鬼颼颼的刺竹叢全部砍去，種了椰子和楊柳，因之，這幾棵粿葉樹便成為絕無僅有了。此時正值店前這幾棵粿葉樹開花繁枝的時候，在這一帶曬穀的人都跑到樹腳來歇息，他們看著穀子，無事時或者就下著棋、或者躺睡著、或者抱著膝、或者雜談著，涼陰濕濡的風刮過樹頂，吧噠吧噠便落了許多杯狀粉黃的花。

# 嶕藍海村之成

　　這個小海村莊果然是不比尋常。它依山傍海。藍藍的海水沖刷在小路的腳痕，在遠方的海上激盪著銀白色的浪花，和著山巔的白雲互相地輝映，唔，在陽光下，你坐在海邊的石椿傾聽，那種山海的樂音像一首詩。而主要的，在那遠方的海邊中，像奇蹟般地矗立起一扇藍色的海礁，它崢嶸而孤傲，摒擋著海浪的攻擊，當大浪湧到，便發出一聲巨響，如霧般細碎的水花向空中噴洒而起，把那藍色的海礁給整個兒罩住了。唔，它是天神的傑作，完全是傑出的藝術。

對於農作，大自然便是一種永恆的災難與挑戰。

在十二月吧，要過年，播了種，會遇到一件麻煩的事，若有寒冷的水，便會帶給種籽突兀的夭亡。

一月呢？秧苗都挺直，然則雜草和稗子也綠滿整個田野。

二月呢？唔，這是好天氣，蝶子和昆蟲飛離蟄居的蛹殼，但是，紋枯病也悄悄來到青色的稻稈前。

三月，便是綢花的季節，田野蒙著一層白色的粉末，但是可怕的驟雨醞釀在天空。

四月，是收割季，草人站在野地上，勤奮的農人燃開香，他們要來企盼乾燥的天氣。

五月，田野伴著一支永恆的鋤，添飽的糧袋要放入儲存的倉庫。

但就在五月，颱風捲過了浩浩的水面，攻擊到這個割稻班棲息的山村。

它彷彿是一種巨大的動物，用著它狂暴的軀體碾壓過整個大地，要來證明一切的善良和美德應該屈折於暴力下。

# 等待燈籠花開時

# 廢墟臺灣

那時我就很少看到綠色的東西，老實說我們要戴口罩上課。「安安，你怎麼把太陽給畫成黑色？」老師有時會罵我們……但是為什麼？為什麼太陽變成黑色，她竟沒有看到校園的地面因煤煙而整個被塗黑了。隨著時光的流逝，一年一年的，好像天空的浮塵越來越厚，我們不明白那些浮塵是那兒來的，有時太多了，讓視野都模糊起來……往後在長大的生命過程中，我們又看到垃圾在馬路及各個地方漫延開來，到處都是紙張、塑膠袋、罐頭、電線、輪胎、鐵皮、玻璃、穢物，河流也死滅了，同時核子射線的單位量激增，自殺率和肺癌達到空前，1992年，若干地區迅速地被宣布為「廢墟村」，禁止人們涉足。2000 年一次大規模的地震使三座核電廠核射外洩，二十萬人喪生，浮塵、垃圾、水污等量增加，使人們的平均壽命縮短成五十歲。

# 血色蝙蝠降臨的城市

一隻大紅色的鳥類蹲踞在屋瓦上，不斷轉動頭部環視四方，當牠注意到巷子對面的五樓上有人在窺伺時，牠似乎是生氣了。阿星覺得那隻鳥的嘴是對著唐天養叫著，彷彿要說些什麼。但不一會，牠拉開雙翼飛翔起來，似乎想及於離開。可是就在牠飛到了五樓的高度時，薛以利亞手中的銀色星葉發出鏗錚的響聲。阿星看到星葉飛旋起來，如激射的一枚子彈，朝天空畫出了筆直的一條銀光，和那瑪瑙紅的鳥撞在一起，一種清脆的像爆竹的爆炸聲嗶嗶剝剝地響亮在夜空，那蝙蝠如重創的巨鳥，踉蹌地斜飛一陣，像大街那一邊傾身滑落下去。

他們直奔大街。就看到市政府前的馬路上躺了一個人，正是彭少雄。

# 李昂 /1952.4.7～

李昂，本名施淑端，彰化縣鹿港鎮人。畢業於中國文
化大學哲學系、美國奧勒岡州立大學戲劇所。曾任教
於中國文化大學中文系文藝組。

李昂就讀彰化女中時，以《花季》聞名文壇，
一九八三年以《殺夫》榮獲聯合報文學獎中篇小說首
獎。其透過作品書寫故鄉鹿港的特殊性、歷史性、地
理性和人的故事，是彰化縣具代表性之作家。

李昂曾受邀愛荷華國際寫作計畫、法蘭克福書展、新
加坡國際作家週，致力國際文學交流。其作品《殺
夫》、《暗夜》、《迷園》等被翻譯成各國版本，具
國際知名度。而小說《殺夫》後拍攝成電影，引起眾
多討論，小說表現技巧獨樹一格，人物小說傳記表現
不同凡響。

曾獲聯合報短篇小說（1978）、時報文學獎
（1981）、聯合報小說獎附設散文獎（1983）、
賴和文學獎（2002）、法國文化部最高等級「藝
術文學騎士勳章」（2004）、吳三連文學類小說獎
（2012）、磺溪文學特別貢獻獎（2013）。

# 彩妝血祭

將假髮為兒子戴好，一頭短捲髮遮去原來
的西裝頭，原怪異的不倫不類不再，臉上
紅紅的彩妝霎時有了歸屬，各就各位的找
到了依附。

然兒子看來就此真正的陌生。

「敢還是你？」王媽媽遲疑地問：「你還
在嗎？」

乾冰氤氳煙霧絲絲飄移，淺淺的在棺內遊
走，王媽媽低頭臨近的凝視，深深地回想
那捲髮遮去的原西裝頭、彩妝遮去的原來
臉面、襯衫領遮去的喉結、紅色浴衣遮蓋
下的穿西裝長褲身體形樣，而後滿意的微
微露出笑容。

時間過去，窗外斷續傳來的演講不再，飄來誦經聲，樓下守候中年女人揚高聲音在問：
「王媽媽，就快放水燈了，你準備好了嗎？」
「再等一下。」
王媽媽伸出手，輕輕的撫遍兒子全身，無盡慈愛的朝著說：
「放心地去吧！不免再假了，你好好的去吧！從此不免再假了！」

蓋好薄木棺材板，王媽媽拿起至於身旁的鐵槌與鐵釘，對準棺木邊緣，重重的一槌敲擊下去。

# 殺夫

一向伺機要從林市身上有所獲得的叔叔，礙於族人面子幾次沒將林市賣成給販子，這時除了大聲張揚林市同她阿母一樣等不及要讓人幹外，也趕著替林市物色人家。

最後決定的是鄰近陳厝的一個殺豬人家，靠四十歲的屠夫陳江水孑然一身，陳厝至今沒有人把女兒許給他，相傳是陳江水屠宰數十年，殺害生靈無數，每個夜裡都有豬仔到他門口嚎叫。此外，"後車路"的女人也盛傳，陳江水一到，每每把女人整治得殺豬般的尖叫，這些緣由，使陳江水博得一個外號：殺豬仔陳，久了後，很少人記得他叫陳江水。

這場婚姻由於陳江水一向聲譽不佳，雙方年歲又差別太大，林市叔叔勢必會被傳說收受好處，最盛行的說法是：殺豬仔陳每十天半月，就得送一斤豬肉。這種現拿現吃，在物資普遍缺乏的其時，遠遠好過其它方式的聘禮，無怪四鄰豔羨的說，林市身上沒幾兩肉，卻能換得整斤整兩的豬肉，真福氣。

# 迷園

我們，那風塵女子、歌曲、以及我，
我們做為一個女子，對情愛的渴求，
為著或不同的緣由，被命定始終無法
被真正的了解、懂得與珍惜，無從得
到真心的回報，必然只有被辜負。

既知曉命定要被遺棄，我們，那風塵
女郎、那歌曲、以及我，便只有自己
先棄絕情愛，如此經歷了含帶悔恨的
無奈與愁怨，在自我棄絕的心冷意絕
中，便有了那無止盡的墮落與放縱，
那頹廢中悽楚至極的怨懟與縱情。

# 不見天的鬼

抗爭的島嶼人民男人被清政府稱為「奸民」、「盜賊」、「　寇」；但人民或會尊稱他們為「義民」、「先　」。只有　人，僅事蹟　被傳誦，還被雙方都貶稱為「賊婆」。

女子鬼魂書寫「賊婆」事蹟。鬼魂　願為「賊婆」正名，她沿用這官、民雙方皆用的名稱，以示其殊異：她們雖非帶　起反者，但信念堅強，能在幕後安撫民心；她們之中善戰者，戰至最後一兵一卒仍不屈服；失敗後她們攜子慷慨就義，跳水上吊願為敵人所辱……。

# 色 陽

顏色鮮麗的各彩絲線，或小小閃著沁涼清光鍛面布塊，在黃昏太陽的映照下，絲綢特有的輝 光澤，雖只是少許的輝耀，也團團地圍滿色陽一身。

色陽就用這些繡花殘剩的絲線，一段段接連起來，在以折成的紙模上，細細地纏繞出多色彩的星星，八角或圓形表徵吉祥富貴的錢幣，以及粽子。

色陽也用裁衣服剩的小布塊，縫成小小金黃色的老虎、公雞、錢袋、如意桃。每做好一個，色陽就順手將它掛在身旁一株枯死的榕樹盆景枝枒上。

小小的香囊在近五月的微風裡，輕輕的搖晃，伴隨一陣陣香料的芳香，還似隨時會搖落幾響斷續的鈴鐺聲。

# 王定國 /1955～

彰化鹿港人，定居臺中。十七歲開始散文寫作，十八歲後短篇小說陸續獲得全國大專小說創作獎、中國時報文學獎、聯合報小說獎。早期著有小説、散文十餘部，後轉換跑道後停筆二十五年，短期任職法院書記官，隨後轉戰商場，長期投身建築業。

也因長期在社會職場上的經歷與觀察，王定國作品具溫厚人道主義與細緻筆法，且不追隨時代寫作主流風格影響，自成一格，是位難以定位的小說家。其作品題材多重心在家庭與家人的細膩關係情感，如妻孩父母等生活議題。從家庭倫理及生活秩序中反映了社會與經濟的糾葛和起伏。因寫作風格細緻淡雅，只呈現尋常人物的平凡掙扎，對生活細節如空間、色彩、動作均用心描寫，扣人心旋，流露出文字敘述的禪意。

小説集《那麼熱，那麼冷》、《誰在暗中眨眼睛》、長篇小說《敵人的櫻花》等，連續獲得二〇一三年、二〇一四年、二〇一五年中國時報開卷年度十大好書、亞洲週刊華文十大好書推薦獎項；二〇一五年七月，並獲頒第二屆聯合報文學大獎，為近年來寫作市場日益商品化及資訊化中注入一股清流。

# 美麗蒼茫

漢江湖畔的明月館，我在這裡午餐。

平房式的青瓦建築，落在山腰沿漢江而立，零下兩度的餐廳只剩下炭爐的體溫，寒氣把院子裡的鯉魚池凍成一片薄冰，寒氣也把紅透的楓葉凍傷了臉頰，有人便在楓樹下玩起冬天才有的遊戲，把快要剝落的果仁片盛滿了雙手，然後往空中一揚，飄飛而下的果仁片便像旋轉的星子紛紛墜落到眼前。

墜落下來的一顆星，是今天早上的盧泰愚。這位南韓前總統，被控在任內收受三十五個企業財團的賄款而受審，電視上他慢慢走出來，整個明月館都靜默了，鄰桌一個韓國人突然站起來破口大罵，印著「真露」的酒瓶弄翻在炭爐邊，火在裡面爆了一下。

# 沙　戲

現在他要說的是──牠突然鑽入石岩下的深洞裡了。
他慣用的一向只是零點八號的母線，如果強行拉扯必
斷無疑。因此，他希望檢察官能夠理解，也多麼希望
世人願意體會，那不僅是破他紀錄的苦花，也是唯一
能在高山海拔、冷冽水域等等惡劣環境中存活的高山
魚種。因此他決定涉水而去，幫牠打開纏亂的線節，
而不願只是任牠永遠卡在石縫中掙扎。

有什麼困難的結是解不開的呢？當然，事況是那麼緊
急，他來不及脫下鞋襪，水溫冰冷到極度，如同導電
般不斷有刺寒的冰鑽紛紛射入全身；但那真的是非常
孤獨寂寞非常忍辱負重的魚種，如果還有機會表達，
他多麼希望世人能夠理解……。

只是因為這樣的緣故，所以走入潭中。

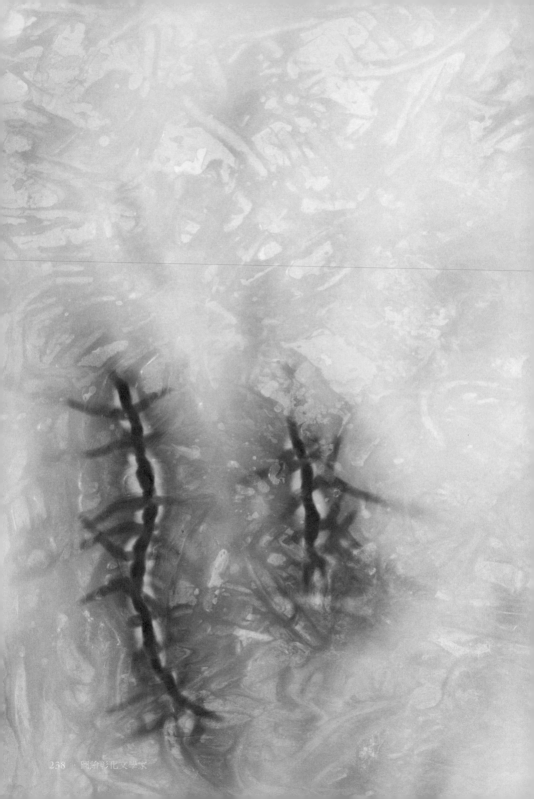

# 那麼熱，那麼冷

他也不避諱她們梳著指尖來到肚臍邊的一橫傷疤上。
縫得真好看，哥哥你性病喲，割錯地方了喔。有的還
緊緊吸著它，刻意留下凝滯的血印，使得這道傷疤看
起來像兩片不快樂的嘴唇抿閉著。他記得還有個滑溜
溜的原住民女孩，為了證實自己也有從檳榔樹摔下來
的舊創，性感地撩起渾身唯一遮掩的長髮，拼命翻找
著頸下稀疏的寒毛。

他用的是一把雕刻刀。從左腹戳下，沒有想像中的劇
痛，進去的瞬間才發現刀鋒過短，既不想拔出再下一
城，只好打橫了握柄，彷如母親的針線從衣背穿出，
硬是由裡往外捅出了另一道肉坑，而那把雕刻刀後來
便隨著他的昏厥，像支寂寞的串燒橫在兩道傷口中
間。

# 誰在暗中眨眼睛

我們要離開的時候，那女人不再跟隨，她總算把手穿進了袖口，牢牢地堤上拉鍊，然後慢慢走進旁邊的屋舍中。然而當我把車掉頭回來時，這一瞬間我卻看到了，她忽然停下了腳步，悄悄掩在一處無人的屋角，那兩隻眼睛因著想要凝望而變得異常瑩亮，偷偷朝著我們的車窗直視過來。

長期處在荒村般的孤寂世界裡，才有那樣一雙專注的眼神吧。

我想，父親是錯過了；倘若我們生命中都有一個值得深愛的人。

# 敵人的櫻花

可惜都來不及了。

我還是會在今後的任何角落等待著秋子，只因為有個故事還沒跟她說完。有關一隻羊的故事。原本我想把牠送給我一直懷著敵意的父親，沒想到後來牠被偷走了。結局其實就是這麼簡單，濃縮起來看，我的故事簡直就是一隻羊的故事罷了。男人的悲傷實在不該那麼渺小，可就因為太過渺小，戳進生命中反而永遠拔不出來。

白琇小姐，秋子是我生命中的那隻羊。

但我知道她不會來了。此刻的我正走在初冬的堤防上，蘆葦已經白過頭，一路白到了海邊那樣蒼茫。

國家圖書館出版品預行編目資料

圖繪彰化文學家／陳世強撰文，施佳伶繪圖　初版.
　　-- 臺中市：晨星，2016.08
　　面；　公分. --（彰化學叢書；048）

ISBN　978-986-443-145-8（平裝）
1.作家 2.臺灣傳記 3.繪本 4.彰化縣

783.324　　　　　　　　　　　　　　105008103

彰化學叢書048

# 圖繪彰化文學家

| | | |
|---|---|---|
| 撰　　　　文 | 陳世強 | |
| 繪　　　　圖 | 施佳伶 | |
| 主　　　編 | 徐惠雅 | |
| 校　　　對 | 林明德・康原・陳世強・徐惠雅 | |
| 美 術 設 計 | 王志峯 | |
| 封 面 設 計 | 王志峯 | |
| 總 策 畫 | 林明德・康　原 | |
| 總策畫單位 | 彰化學叢書編輯委員會 | |

創　辦　人　陳銘民
發　行　所　晨星出版有限公司
　　　　　　台中市407工業區30路1號
　　　　　　TEL：04-23595820　FAX：04-23597123
　　　　　　E-mail：service@morningstar.com.tw
　　　　　　http：//www.morningstar.com.tw
　　　　　　行政院新聞局局版台業字第2500號
法 律 顧 問　陳思成律師
初　　　版　西元2016年 8 月10 日
劃 撥 帳 號　22326758（晨星出版有限公司）
讀 者 專 線　04-23595819#230

印　　　刷　上好印刷股份有限公司

　　　　　　定價 380 元
　　　　　　ISBN 978-986-443-145-8
　　　　　　Published by Morning Star Publishing Inc.
　　　　　　Printed in Taiwan

以下資料或許太過繁瑣，但卻是我們了解您的唯一途徑
誠摯期待能與您在下一本書中相逢，讓我們一起從閱讀中尋找樂趣吧！

姓名：＿＿＿＿＿＿＿＿＿ 性別：□ 男 □ 女 生日： ／ ／

教育程度：＿＿＿＿＿＿＿＿＿＿＿＿＿＿＿＿＿＿＿

職業：□ 學生 　　□ 教師 　　□ 內勤職員 　　□ 家庭主婦
　　　□ SOHO族 　□ 企業主管 　□ 服務業 　　□ 製造業
　　　□ 醫藥護理 　□ 軍警 　　□ 資訊業 　　□ 銷售業務
　　　□ 其他＿＿＿＿＿
E-mail：＿＿＿＿＿＿＿＿＿＿＿＿＿ 聯絡電話：＿＿＿＿＿＿＿＿

聯絡地址：□□□＿＿＿＿＿＿＿＿＿＿＿＿＿＿＿＿＿＿

**購買書名：圖繪彰化文學家**

・**本書中最吸引您的是哪一篇文章或哪一段話呢？**

・**誘使您購買此書的原因？**

□ 於 ＿＿＿＿書店尋找新知時 　□ 看 ＿＿＿＿報時瞄到 　□ 受海報或文案吸引

□ 翻閱 ＿＿＿＿ 雜誌時 　□ 親朋好友拍胸脯保證 　□ ＿＿＿＿電台DJ熱情推薦

□ 其他編輯萬萬想不到的過程：＿＿＿＿＿＿＿＿＿＿＿＿

・**對於本書的評分？**（請填代號：1. 很滿意 2. OK啦！ 3. 尚可 4. 需改進）

封面設計 ＿＿＿＿ 版面編排 ＿＿＿＿ 內容 ＿＿＿＿ 文／譯筆 ＿＿＿＿

・**美好的事物、聲音或影像都很吸引人，但究竟是怎樣的書最能吸引您呢？**

□ 價格殺紅眼的書 　□ 內容符合需求 　□ 贈品大碗又滿意 　□ 我誓死效忠此作者
□ 晨星出版，必屬佳作！ 　□ 千里相逢，即是有緣 　□ 其他原因，請務必告訴我們！

＿＿＿＿＿＿＿＿＿＿＿＿＿＿＿＿＿＿＿＿＿＿＿＿

・**您與眾不同的閱讀品味，也請務必與我們分享：**

□ 哲學 　　□ 心理學 　□ 宗教 　　□ 自然生態 □ 流行趨勢 □ 醫療保健
□ 財經企管 □ 史地 　　□ 傳記 　　□ 文學 　　□ 散文 　　□ 原住民
□ 小說 　　□ 親子叢書 □ 休閒旅遊 □ 其他＿＿＿＿＿＿

以上問題想必耗去您不少心力，爲免這份心血白費

請務必將此回函郵寄回本社，或傳眞至（04）2359-7123，感謝！
若行有餘力，也請不吝賜教，好讓我們可以出版更多更好的書！

・**其他意見：**

請填妥後對折裝訂，直接投郵即可，免貼郵票。

廣告回函
台灣中區郵政管理局
登記證第267號
免貼郵票

407
台中市工業區30路1號
# 晨星出版有限公司

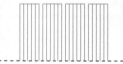

請沿虛線摺下裝訂，謝謝！

# 更方便的購書方式：

1 網站：http://www.morningstar.com.tw
2 郵政劃撥 帳號：22326758
　　　　　戶名：晨星出版有限公司
　請於通信欄中註明欲購買之書名及數量
3 電話訂購：如爲大量團購可直接撥客服專線洽詢

◎ 如需詳細書目可上網查詢或來電索取。
◎ 客服專線：04-23595819#230 傳眞：04-23597123
◎ 客戶信箱：service@morningstar.com.tw